Deutsch mit Olli 3

Sprachbuch

Arbeitsheft
BASIS | PLUS

erarbeitet von
Christine M. Kaiser

illustriert von
Sandra Reckers
Petra Eimer
Christian Bartz
Axel Nicolai

Cornelsen

Inhalt

Inhalt

Unsere Strategien
- Silben schwingen
- (Aa) Groß oder klein?
- Wörter ableiten
- Wörter verlängern
- (M) Merkwörter

BASIS PLUS

Richtig oder falsch?

Mit diesen Fragen kannst du dein Wissen überprüfen.

Lies genau und entscheide, ob richtig oder falsch. Kreuze an.

Trage die angekreuzten Buchstaben nacheinander auf Seite 5 ein, um das Rätsel zu lösen.

	Richtig	Falsch
In den Sommerferien muss ich jeden Tag in die Schule gehen.	☐ P	☐ D
Namen für Menschen, Tiere und Dinge sind Nomen.	☐ U	☐ A
Nomen schreibe ich klein.	☐ N	☐ H
Der, die und **das** sind bestimmte Artikel.	☐ A	☐ Ä
Der bestimmte Artikel in der Mehrzahl ist **die**.	☐ S	☐ T
Das Wort **Segelschiffe** hat drei Silben.	☐ R	☐ T
A, E, I, O und **U** nenne ich Silbenkapitäne oder Selbstlaute.	☐ S	☐ O
Die Buchstaben **B, C,** und **D** sind Mitlaute.	☐ U	☐ B
Au, Ei und **Eu** sind Zwielaute.	☐ P	☐ N
Ä, Ö und **Ü** sind Umlaute.	☐ E	☐ I
Verben sagen was Menschen, Pflanzen, Dinge oder Tiere tun.	☐ R	☐ L
Adjektive beschreiben wie jemand oder etwas ist.	☐ A	☐ E

	Richtig	Falsch
Lesen, Leseausweis und **Bücherei** gehören zur gleichen Wortfamilie.	☐ V	☐ U
Gehen, laufen und **schlafen** gehören zu einem Wortfeld.	☐ W	☐ F
„**Die Schwimmbrille ist neu.**“ ist ein Fragesatz.	☐ K	☐ G
Nach einem Aufforderungssatz schreibe ich ein Ausrufezeichen.	☐ E	☐ A
„**Opa Meer badet.**“ ist ein richtiger Satz.	☐ R	☐ P
Das Alphabet hat 30 Buchstaben, wenn **ä, ö, ü** und **ß** mitgezählt werden.	☐ A	☐ S
Die Wörter **Angel, Meer** und **baden** sind richtig nach dem Alphabet geordnet.	☐ E	☐ S
Wenn ich nicht weiß, ob ein Wort mit **e** oder **äu** geschrieben wird, suche ich ein verwandtes Wort.	☐ S	☐ N
Wenn ich nicht höre, ob ein Wort am Ende mit **d, t, b, p, g** oder **k** geschrieben wird, verlängere ich das Wort.	☐ T	☐ D

Lösung:

Wortstamm und Wortfamilie

1 Markiere in den Sprechblasen alle Wörter aus der Wortfamilie **trinken**.

2 Schreibe die Wörter aus **1** ab. Markiere den Wortstamm.

Getränk,

3 Markiere alle Wörter der gleichen Wortfamilie mit der gleichen Farbe. Schreibe die Wörter in die Tabelle.

häuslich
Gebäude
Behausung
Raum
Bauplan
geräumig
Gehäuse
ausbauen
aufräumen

Haus	bauen	räumen
häuslich		

Wortstamm und Wortfamilie

1 Schreibe den passenden Wortstamm in die Lücken: **zahl** oder **zähl**.

Emil hat sich beim Ab zähl en seiner Ersparnisse schon wieder ver ______ t. So oft er auch nach ______ t, am Ende kommt eine andere ______ dabei heraus. Er nimmt sich vor, noch ein letztes Mal ganz konzentriert nachzu ______ en, um endlich zu einem richtigen Ergebnis zu kommen. Emil will mit dem Geld seine Schulden bei Mila zurück ______ en. Eigentlich wünscht er sich ja einen neuen Fußball. Doch der ist für ihn im Moment unbe ______ bar.

3 Finde Wörter aus anderen Wortarten und schreibe sie in die Tabelle. Markiere den Wortstamm.

Wortstamm	fallen	sprechen	sitzen
Nomen	der Fall		
Verb			einsetzen
Adjektiv		gesprächig	

Grundform und Personalformen von Verben

1 Schreibe zu jeder Grundform vier Personalformen. Markiere den Wortstamm und die verschiedenen Endungen.

	ich	du	er/sie/es	ihr
malen				
riechen				
klopfen				
fliegen				
turnen				
wählen				

2 Schreibe zu jedem Wortstamm die Grundform und zwei Personalformen. Markiere die Endungen.

	Grundform	wir	sie (Mehrzahl)
wasch	waschen		
bad			
dusch			
putz			

3 Vergleiche die Endungen der Grundformen und Personalformen in **2**. Was fällt dir auf?

Grundform und Personalformen von Verben

1 Welche Personalformen gehören zusammen?
Markiere sie jeweils mit der gleichen Farbe.

sie fällt	du liest	ihr müsst	du kannst
wir können	ich muss	er gibt	ihr fallt
ich halte	sie geben	wir lesen	du hältst

2 Schreibe die Personalformen aus **1** mit ihrer Grundform auf.
Markiere, was sich im Wortstamm ändert.

fallen – sie fällt, ihr fallt

3 Unterstreiche die Verbformen in den Sätzen. Schreibe die Grundform auf. Markiere, was sich im Wortstamm ändert.

Olli frisst am liebsten Obst und Körner.

Er nimmt sich meist die größten Stücke.

Die kleinen Stücke wirft er neben den Napf.

Nach dem Fressen wäscht er sich.

Danach hält er ein Mittagsschläfchen

Lange und kurze Selbstlaute

1 Lies die Wortpaare laut und deutlich. Markiere die kurzen und langen Selbstlaute mit · oder –.

radeln – Ratte	Weg – Wette	Lager – Lamm	rund – Wut
Hof – hoffen	Schwamm – nagen	Donner – rot	Punkt – Zug
legen – kennen	Kegel – Kerl	Blume – kullern	toben – tollen

2 Schreibe die Wörter aus 1 in die Tabelle.

langes a	kurzes a	langes e	kurzes e
radeln			

langes u	kurzes u	langes o	kurzes o

3 Markiere in 2 jeweils die Konsonanten nach dem kurzen Selbstlaut. Ergänze den Merksatz.

Nach einem kurzen Selbstlaut (Vokal) folgen mindestens

______________________________.

Sprachbuch Seite 20

Lange und kurze Selbstlaute

1 Markiere die sechs Reimwortpaare mit kurzem Selbstlaut und die sechs Reimwortpaare mit langem Selbstlaut mit verschiedenen Farben. Schreibe sie auf. Achte auf die Groß- und Kleinschreibung.

L	E	M	Z	B	E	S	O	D	B	W	Y	S	A	J
K	H	A	R	K	E	A	Ö	T	C	A	D	Ä	C	E
R	V	R	S	E	A	F	X	K	A	R	T	E	N	P
W	S	K	R	A	F	T	D	J	X	T	D	W	A	Y
L	U	E	E	D	L	R	A	X	W	E	Q	S	U	P
O	Ä	J	G	W	A	S	C	H	E	N	E	H	R	C
S	E	G	E	N	S	C	H	A	C	H	V	Ü	M	D
C	T	V	N	D	C	W	R	S	Y	W	Ü	T	E	N
A	S	K	T	W	H	H	I	E	V	E	B	E	C	I
N	H	E	R	Z	E	N	E	N	A	S	E	N	U	T
N	E	R	D	W	N	A	K	M	E	C	S	W	H	X
B	E	Z	T	S	A	G	E	N	C	L	E	S	E	N
J	P	E	K	D	S	E	G	E	L	E	N	X	A	C
B	E	N	S	E	S	N	E	W	Z	T	N	R	N	K
C	N	E	T	U	O	V	L	D	R	D	Z	O	Z	H

Reimwortpaare mit kurzem Selbstlaut:

Marke – Harke,

Reimwortpaare mit langem Selbstlaut:

Doppelte Mitlaute

1 Was gehört zusammen? Verbinde die gelben Kästchen passend mit den Silben in den grünen Kästchen.

Klas | tref | Schlüs | füt | wol | pas | Git | Zim | ren | But

sel | ter | len | se | nen | mer | fen | ter | tern | sen

2 Schreibe die Wörter aus **1** auf. Markiere in jedem Wort den doppelten Mitlaut und den kurzen Selbstlaut davor.

Klasse, ____________________

____

3 Ergänze die Endsilben der Wörter. Markiere jeweils den kurzen Selbstlaut vor dem doppelten Mitlaut.

Draußen scheint die Son ne .

Der Him ______ ist strahlend blau.

Doch die Kinder müs ______ noch

bis zur großen Pause in der Klas ______

aushar ______ . Endlich! Beim Klang

der Glocke las ______ al ______ Kinder gleichzeitig ihre Stifte

fal ______ und ren ______ auf den Pausenhof. Einige es ______ erst

einmal ihr Pausenbrot. Andere schnap ______ sich Bäl ______ aus

der Ton ______ und spielen damit zusam ______ .

Doppelte Mitlaute

1 Finde zu den doppelten Mitlauten Nomen, Verben und Adjektive. Schreibe sie auf.

pp ll
mm tt ff nn
bb ss gg

Nomen: Puppe, Keller, ______________________

____

____

pp ll
mm tt ff nn
bb ss rr

Verben: ______________________

____

____

pp ll
mm tt nn
ss

Adjektive: ______________________

____

____

2 Ersetze in den Wörtern den doppelten Mitlaut, um ein neues Wort zu erhalten.

treffen →	trennen	surren →	
Stimme →		fassen →	
Semmel →		Griff →	
Kasse →		retten →	
prellen →		Kette →	

Nomen erkennen

1 Finde im Text alle Nomen. Markiere sie.

DER BAUER FÜTTERT DEN HAHN
UND DIE HÜHNER. SEINE TOCHTER
HILFT IHM DABEI. IN EINEM KORB
SAMMELT SIE ALLE EIER.

2 Schreibe die Nomen aus 1 in die Tabelle.
Achte auf die richtige Schreibung.

Menschen	Dinge
der Bauer	

Tiere	Pflanzen

3 Ergänze in der Tabelle in 2 zwei Pflanzen.

4 Welche Tiere leben noch auf dem Bauernhof?
Schreibe Sätze und markiere die Nomen.

Nomen erkennen

1 Markiere in jedem Satz die zwei Nomen.
Schreibe die Sätze richtig auf.

DER KLEINE ELEFANT VERSTECKT SICH

HINTER SEINER MUTTER.

SPIELEN MURMELTIERE MIT MURMELN?

WUSSTEST DU, DASS WALE DIE

GRÖSSTEN SÄUGETIERE SIND?

Der kleine Elefant

2 Finde in jeder Zeile ein Nomen. Schreibe es richtig auf.

WERWOWANNEWAS

AUFUNTERÜBERAUFLAUF

GELBGRÜNGRAUPFAUBLAU

GEHENKRABBEKLETTERNSCHWIMMEN

SCHMUNZELNLÄCHELNKICHERERBSEN

Nomen für Gefühle

1 Verbinde.

Langeweile	Wut	Freude	Angst

2 Finde in den beiden Wörterschlangen je zwei weitere Nomen für Gefühle. Schreibe sie mit dem Artikel zu dem passenden Adjektiv.

neidisch: ______ vorsichtig: ______

schwach: ______ eklig: ______

3 Schreibe die Nomen für Gefühle aus 2 passend in die Lücken.

Als Kim Lisas neue Sportschuhe sah, wurde sie gelb vor ______.

Er wollte seine ______ auf keinen Fall zugeben.

Manche Kinder mussten sich vor lauter ______ übergeben.

Bei Gefahr muss man ______ walten lassen.

Nomen für Gefühle

1 Wähle zu den fett gedruckten Adjektiven die passenden Nomen für Gefühle aus. Schreibe sie in die Lücken.

Stärke | Trauer | Heiterkeit | Erleichterung | Mitleid | Verzweiflung | Glück | Eifersucht | Einsamkeit | Liebe | Hass

Ich fühle mich so **stark**.

Dann beweise mal deine __________.

Manchmal bin ich **eifersüchtig** auf meinen kleinen Bruder.

Hast du Gründe für deine __________?

Kann ich meine Freundinnen nicht treffen, fühle ich mich schnell **einsam**.

Ach, __________ kann richtig wehtun.

Über die Drei in Mathe bin ich sehr **erleichtert**.

Die __________ sehe ich dir an.

Manche Kinder sind wegen einer Drei in Sport **verzweifelt**.

Da verstehe ich eher die __________ über eine Vier in Deutsch.

Gestern war ich so **glücklich** über den Sieg meiner Mannschaft.

Du siehst so aus, als könntest du dein __________ kaum fassen.

Adjektive mit ig und lich

1 Verbinde. Schreibe die Adjektive passend in die Lücken.

der Schreck	das Salz	das Glück	der Wind	der Hunger
windig	schrecklich	hungrig	glücklich	salzig

Die Überfahrt mit der Fähre ist ________ stürmisch.

Der Löwe im Zoo ist sehr ________.

Die frische Brezel schmeckt heute besonders ________.

Über das Geschenk ist sie sehr ________.

Am Strand ist es heute Morgen ziemlich ________.

2 Setze viermal **ig** und viermal **lich** passend ein.

Die Nacht ist sehr unruh ig . Der Wind bläst kräft____ um die Hausecke. Nun beginnt es auch noch zu regnen. „Das ist ja ärger____!“, schimpft der kleine Igel und trippelt eil____ zu seinem Versteck unter dem Holzhaufen. Ein paar Mäuse sind eifr____ ins Gespräch vertieft. Doch nun schauen sie sich ängst____ um. „Es wird gleich richtig ungemüt____, geht besser nach Hause!“, ruft der Igel den Mäusen zu. Höf____ verabschieden sie sich voneinander und verschwinden flugs in ihren Mauselöchern.

Sprachbuch Seite 30

Adjektive mit ig und lich

1 Bilde Adjektive mit Hilfe der Endungen **ig** und **lich**. Schreibe sie auf.

~~der Schmutz~~	die Kraft	der Freund	der Rost	der Raum
der Frieden	die Gefahr	der Biss	der Mut	das Fest
der Fleiß	der Norden	das Jahr	der Saft	

ig schmutzig,

lich

2 Schreibe Sätze mit sechs Adjektiven deiner Wahl aus.

Der bissige Hund

Adjektive verlängern

1 **b/p**, **d/t** oder **g/k**? Schreibe die Verlängerung der Adjektive passend.

Seine Wangen sind ro★. — die roten Wangen

Die Sonne leuchtet gel★. — die ______ Sonne

Der Elefant ist star★. — der ______ Elefant

Das Kind ist wüten★. — das ______ Kind

Ihr Lachen klingt lusti★. — das ______ Lachen

2 Setze **b/p**, **d/t** oder **g/k** richtig ein. Schreibe die Adjektive passend in die Lücken.

strahlen d · windi ☐ · kal ☐ · kuscheli ☐ · schatti ☐ · lie ☐ · wil ☐

Wenn im Sommer die strahlende Sonne am Himmel steht, suchen sich viele w______ Tiere ein s______ Plätzchen.

Bei t______ und w______ Herbstwetter halten sie sich l______ dort auf, wo es wärmer ist. Manche Tiere überwintern in der k______ Jahreszeit sogar in einer k______ Höhle.

Adjektive verlängern

1 Verlängere die Adjektive. Schreibe eine Wortgruppe. Ergänze anschließend **b/p**, **d/t** oder **g/k** am Wortende.

klu g — der kluge Gedanke

spannen ☐ ____________________

kran ☐ ____________________

hal ☐ ____________________

bun ☐ ____________________

plum ☐ ____________________

2 Verlängere die Adjektive im Kopf und ergänze die fehlenden Buchstaben am Wortende.

Die Brezel beim Frühstück war ziemlich salzi ☐.

Er hörte ein schepperndes Geräusch. Es war sehr lau ☐.

Der Kreis, den sie gemalt hat, ist nicht ganz run ☐ geworden.

Das kleine Kind fasste die Katze ein bisschen zu gro ☐ an.

Der Dieb war so schlan ☐, dass er zwischen den Gitterstäben durchschlüpfen konnte.

Sie aß ein Brötchen, das so knuspri ☐ war, wie sie es liebte.

Der Käse auf dem Brötchen schmeckte sehr mil ☐.

Wörter mit chs Ⓜ

1 Hier sind acht Wörter mit **chs** versteckt. Markiere sie.

Dach | Dachs | Becher | Buche | Fach
kichern | Loch | Fuchs | Flucht | Licht
Milch | machen | Woche | richtig
Luchs | Krach | euch | Früchte | Teich
Elch | reich | kochen | Echse | Docht
hoch | wechseln | Fächer | Drache
Wicht | Lachs | echt | wachsen | Macht
lächeln | Ochse | Kuchen | Bücher

2 Schreibe die Wörter mit **chs** aus **1** passend in die Lücken.

Auf dem Weg nach Hause lief ein Dachs über die Fahrbahn.

Beim Ausweichen musste das Auto die Fahrspur ____________.

Über die Mauer huschte eine flinke ____________.

Auf der Weide stand eine massiger ____________ neben einer Kuh.

Ein listiger ____________ rannte hinter der Gans her.

Fürs Abendessen hatte der Fischer einen ____________ gefangen.

Manche Tiere ____________ schneller als andere.

Der ____________ bewegt sich bei der Jagd wie eine Katze.

Wörter mit chs

1 Entziffere die Wörter mit **chs**. Schreibe zu jedem Wort einen Satz.

Achseln

Er zuckte gelangweilt mit den Achseln.

erwachsen

Frechdachs

abwechseln

nächste

Gewächshaus

Bienenwachs

sechs

Wörter mit Spr/spr und Str/str

1 Immer ein Wort passt nicht. Streiche es durch.

Spreu
sprühen
~~spülen~~
Spruch
Sprung

streuen
Stroh
strecken
Stapel
Strippe

Strömung
Stolz
Strolch
Streich
Strumpf

sprinten
spreizen
sprachlos
sprenkeln
Speck

Strich
streichen
strubbelig
stumpf
Straße

Spritze
spröde
spritzig
Sport
Sprecher

2 Schreibe nur die zusammenpassenden Wörter aus **1** auf.
Markiere alle **Spr/spr** und **Str/str**.

Spr/spr

Spreu,

Str/str

Wörter mit Spr/spr und Str/str

1 **Spr/spr** oder **Str/str**? Verbinde.

★eifen

★eiten

★ache

Spr/spr

★icken

★ingen

Str/str

★itzen

★ahlen

★eng

★udeln

★euen

★osse

★engung

2 Schreibe die Wörter aus **1** auf. Achte auf die Großschreibung von Nomen.
Finde zu jedem Wort ein weiteres aus derselben Wortfamilie. Schreibe es dahinter.

Spr/spr	**Str/str**
Sprache,	

Satzglieder kennenlernen

1 Bilde mit den Satzgliedern pro Zeile jeweils zwei Aussagesätze. Unterstreiche die Satzglieder passend.

frisst	der hungrige Dachs	die leckeren Pilze
durch die Savanne	ein dicker Elefant	trampelt
die Gazelle	vor dem hungrigen Tiger	flüchtet

Denke an die Großschreibung am Satzanfang und den Punkt am Ende.

Der hungrige Dachs frisst die leckeren Pilze. Die

Satzglieder kennenlernen

1 Stelle den Aussagesatz viermal um. Unterstreiche die fünf Satzglieder in unterschiedlichen Farben.

Die Sennerin hütet die große Herde ganz alleine auf der Alm.

2 Stelle den Aussagesatz aus **1** zu einer Frage um.

Deutsch und Englisch vergleichen

1 Welche Frage passt zu welcher Antwort? Verbinde.

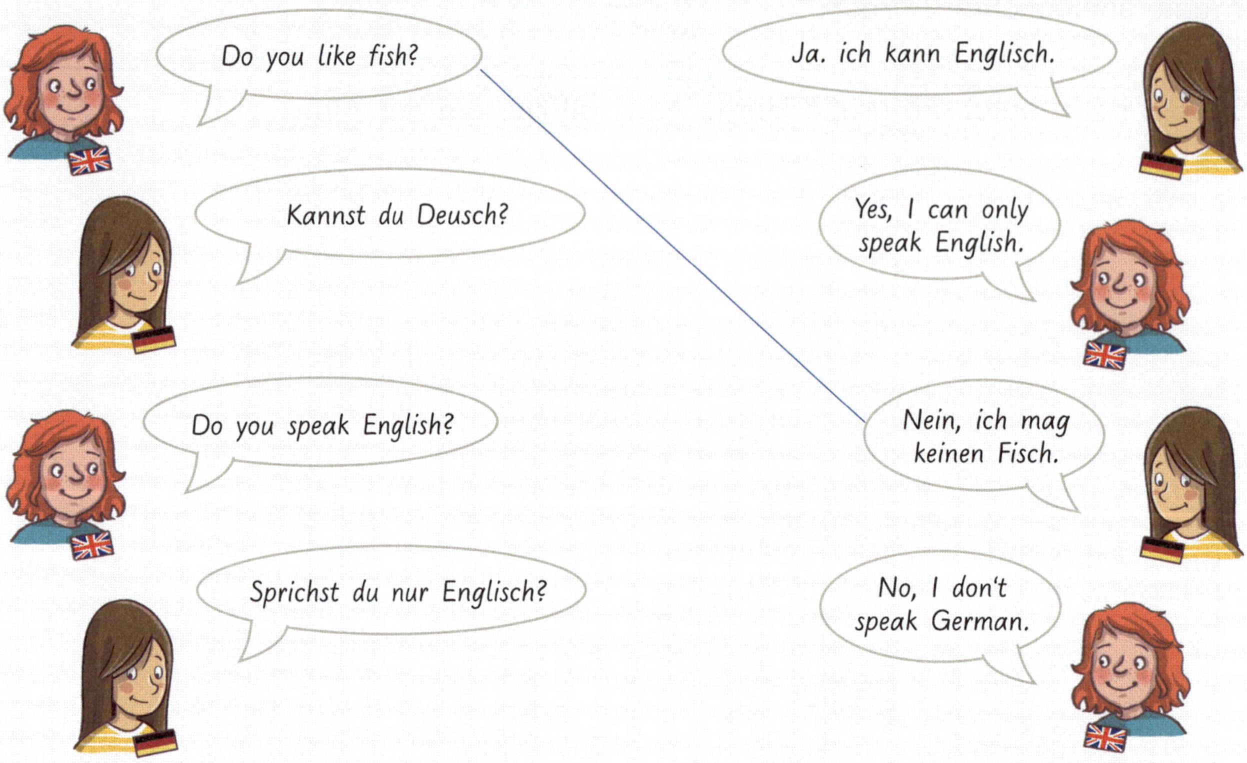

2 Schreibe die Fragen und Antworten auf.

Sprachbuch Seite 42

Deutsch und Englisch vergleichen

1 Schreibe die deutschen und englischen Monatsnamen jeweils passend zueinander auf. Markiere die unterschiedlichen Schreibweisen.

Januar Juni März
Oktober September Dezember
Februar Mai August
April Juli November

April December February
August May June
March October September
July January November

Januar – January,

2 Schaffst du es auch, die Wochentage einander zuzuordnen? Versuche es.
Tipp: Überprüfe mit dem Wörterbuch.

Montag Tuesday Sunday Mittwoch Freitag
Thursday Dienstag Samstag Wednesday Saturday
Donnerstag Sonntag Monday Friday

Montag – Monday,

Wörter mit Ä/ä und Äu/äu ableiten

1 Kannst du das Wort von einem Wort mit **A/a** ableiten? Dann schreibe es mit **Ä/ä**, wenn nicht, dann schreibe es mit **e** in die passende Lücke.
Achtung! Ein Wort musst du von einem Wort mit **Au/au** ableiten.

K★tzchen   tr★ffen   ★ngstlich   M★schen
W★rter   ★ffchen   ★ng   Z★hnen

Das kleine  __________ hat sich verirrt. Auch das winzige  __________ weiß nicht mehr, wo es sich befindet. Als sich die beiden Tierchen  __________, kuscheln sie sich  __________ aneinander, so  __________ sind sie. Schließlich beginnen sie sogar so laut mit den  __________ zu klappern, dass ein  __________ vor Schreck flink das Weite sucht. Irgendwann kommt der  __________ des Zoos vorbei, sammelt die beiden Ausreißer wieder ein und bringt sie zurück zu ihren Müttern.

2 Von welchem Wort mit **A/a** hast du die Wörter mit **Ä/ä** in **1** jeweils abgeleitet?

Kätzchen kommt von __________

____

____

____

____

Wörter mit Ä/ä und Äu/äu ableiten

1 Setze passend ein: **Ä/ä**, **Äu/äu** oder **E/e**, **Eu/eu**.
Schreibe auf, von welchem verwandten Wort du jeweils abgeleitet hast.

W [e] lt	–	B [äu] me	Baum
F [ ] ste		W [ ] rme	
F [ ] er		F [ ] st	
sch [ ] men		[ ] ltern	
M [ ] se		gef [ ] hrlich	
[ ] le		aufr [ ] men	
gl [ ] nzen		Spielz [ ] g	

2 Welche Schreibweise ist richtig? Entscheide.

Die Prinzessin tr [ä/e] gt eine pr [e/ä] chtige Krone.

Ihr Br [eu/äu] tigam hat eine dicke B [äu/eu] le

an seiner Stirn. Trotzdem l [ä/e] chelt er

die meiste Zeit angestr [e/ä] ngt vor sich hin.

Nach der Hochzeit machen die beiden eine Reise

in f [ä/e] rne L [ä/e] nder und fr [äu/eu] en sich schon sehr darauf.

Wörter mit kurzem i und ie

1 Lies die Sätze. Markiere den kurzen **i-Laut** in den Wörtern mit einem Punkt · und den langen **i-Laut** mit einem Strich – darunter.

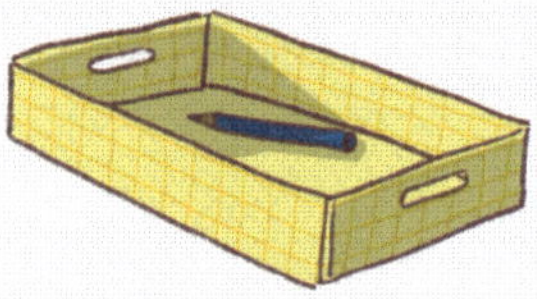

Der Stift liegt in der Kiste.

Die Fliege sitzt auf der Zwiebel.

Der Riese hat einen Brief geschrieben.

Niemand kann den Beispielsatz richtig abschreiben.

Die Kinder singen jeden Dienstag zusammen ein Lied.

Das Spinnennetz befindet sich zwischen zwei dicken Ästen.

Wie viele Kisten stehen im Ziegenstall hinter den Tieren?

2 Schreibe die Wörter aus **1** geordnet auf.

i: ______________________

____

____

ie: ______________________

____

____

Wörter mit kurzem i und ie

1 Finde Reimwörter. Schreibe sie auf.

Biene	Kind	singen	liegen
Sch			
Kissen	**Riegel**	**Hieb**	**richtig**

2 Löse das Rätsel.

1. Dabei blitzt und donnert es.
2. Gotteshaus für Christen.
3. Der Zug braucht sie, um die Spur zu halten.
4. Im Krieg wünschten sich alle …
5. Bei Gefahr rufst du …
6. Das Kakaopulver schüttest du in die …

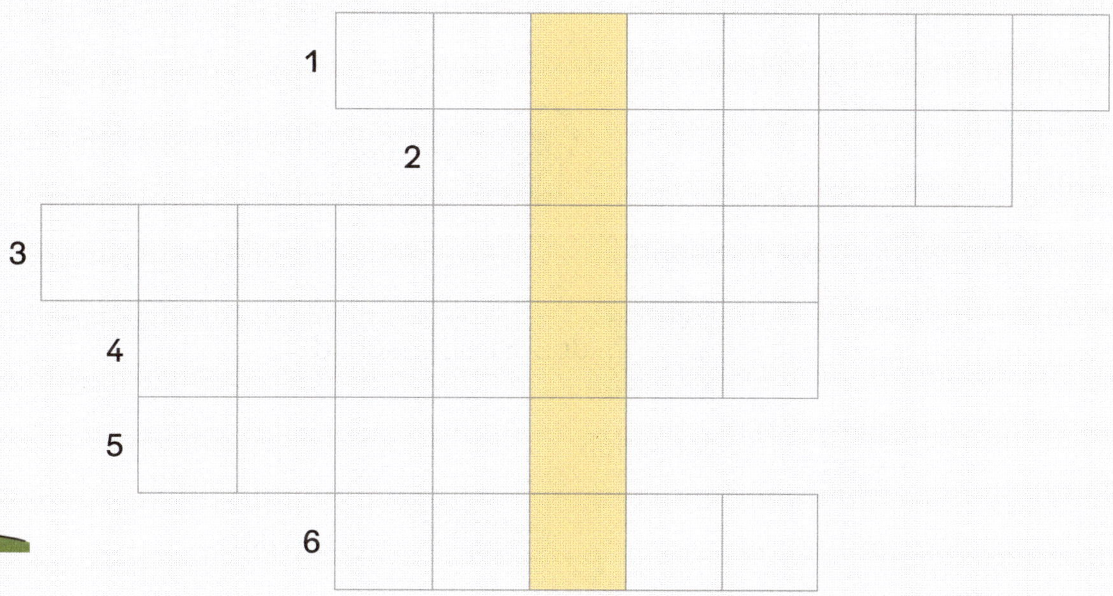

Was tragen Babys um den Po? Eine ______.

Wörter mit ß

1 Schreibe die Wörter passend zu jedem Wortstamm. Markiere das **ß**.

~~stoßen~~ Süßigkeiten Zusammenstoß vergrößern zuckersüß
großschreiben Süßwasser Strafstoß Körpergröße Vorstoß
versüßen größtenteils abstoßen sauersüß riesengroß

stoß stoßen, ____________________

____

süß ____________________

____

groß ____________________

____

2 Schreibe jeweils ein Wort mit **ß** aus derselben Wortfamilie. Die Bilder helfen dir.

barfuß der ____________________

gießen ____________________

die Floßfahrt ____________________

das Straßenschild ____________________

der Grieß ____________________

aufspießen ____________________

die Klößchensuppe ____________________

die Soße ____________________

Sprachbuch Seite 45

Wörter mit ß

A = 1, B = 2 ... ü = ue

1 Löse das Rätsel.

7 18 15 ß 5 14 großen

2 5 7 18 21 5 ß 20 ________

1 14 26 21 19 3 8 12 9 5 ß 5 14 ________

6 21 ß 2 1 12 12 16 12 1 20 26 ________

2 12 15 ß ________

19 3 8 12 9 5 ß 12 9 3 8 ________

4 18 1 21 ß 5 14 ________

19 20 18 1 ß 5 ________

2 Schreibe die Wörter aus **1** passend.

Letzten Freitag nahm Sami das erste Mal zusammen mit seiner Umweltgruppe an einer großen Demonstration teil. Die Kinder trafen sich ________ vor dem ________, um sich dort dem Demonstrationszug ________.

Doch zunächst wurden sie von der Gruppenleiterin ________.

„Passt ________ auf! Ihr müsst auf der ________ immer als Gruppe zusammenbleiben!“, ermahnte sie die Kinder eindringlich.

Als es ________ losging, waren alle ganz aufgeregt.

Wörtliche Rede

1 Wer sagt was zu dem Geburtstagskind?
Schreibe die wörtlichen Reden mit Anführungszeichen.

Mila sagt: „Herzlichen ______________________

____

Milo sagt ebenfalls: ______________________

____

Naomi ruft: ______________________

____

Ela fügt hinzu: ______________________

Emil wünscht: ______________________

____

Wörtliche Rede

1 Setze die wörtlichen Reden passend in den Text ein.
Denke an die Anführungszeichen.

Sami, reichst du mir bitte die Kanne?

Wem darf ich ein Stück von der Torte geben?

Die Muffins mit Schokolade mag ich ganz besonders gerne.

Aber sehr gerne.

Ich kann mich gar nicht entscheiden, was ich essen soll.

Mir! Ich habe einen Riesenhunger.

Am Nachmittag steht auf Samis Geburtstagstisch

ein Teller mit Schokomuffins und eine Erdbeertorte.

Samis Vater fragt: „Wem ______

______ Milo hebt blitzschnell seinen Teller und

ruft: ______

Naomi greift nach einem Muffin und sagt: ______

______

Ela bittet Sami: ______

Sami antwortet: ______ Er reicht Ela die Kanne.

Mila seufzt: ______

______

Redebegleitsätze

1 Markiere alle Verben aus dem Wortfeld **sagen**.

fragen rufen putzen essen
beruhigen klopfen antworten laufen schluchzen
basteln aufräumen erwidern sitzen

2 Setze die Verben aus dem Wortfeld **sagen** passend in den Text ein.

Nach der erfolgreichen Aufführung auf der Seebühne beim Bootshaus, warten einige Kinder darauf, von dort abgeholt zu werden. Ein Mädchen fragt Ela: „Meinst du, dass ich bei euch mitfahren kann?“ Ela ____________: „Aber klar! Meine Oma kommt bestimmt gleich.“ Dann ____________ sie Mila zu, die noch beim Bootshaus herumsteht: „Mila, beeil dich, meine Oma holt uns gleich ab!“ Doch Mila ____________: „Nein, ich werde nun doch von meinem Vater abgeholt.“ Ein Kind steht weinend herum und ____________: „Ich glaube, meine große Schwester hat vergessen, mich abzuholen.“ Ela ____________ sie: „Mach dir keine Sorgen, du kannst auch mit uns mitfahren.“

Redebegleitsätze

1 Welches Verb aus dem Wortfeld **sagen** passt? Kreuze an.

sehr laut sprechen:	☐ kreischen	☐ jammern	☐ sticheln
leise sprechen:	☐ sagen	☐ flüstern	☐ johlen
undeutlich sprechen:	☐ jubeln	☐ murmeln	☐ spotten
ärgerlich sprechen:	☐ schimpfen	☐ bitten	☐ grölen
boshaft sprechen:	☐ plaudern	☐ brüllen	☐ lästern

2 Finde in **1** in jeder Reihe das Verb aus dem Wortfeld **sagen**, mit dem sehr lautes Sprechen gemeint ist. Schreibe die fünf Verben auf.

____

____

3 Ergänze im Text Verben aus dem Wortfeld **sagen** aus **1** und ergänze die fehlenden Redezeichen. Unterstreiche jeweils den Redebegleitsatz.

Milo __________ zu Sami ____ Wir sollten uns bald wieder am Bootshaus treffen. ____

Mila __________ Ela ins Ohr ____ Kannst du ein Geheimnis für dich behalten? ____

Naomi __________ Emil ____ Gibst du mir ein Papiertaschentuch? ____

Sami __________ Ich habe gewonnen! ____

Pronomen kennenlernen

1 Welche Wortgruppen passen zu den Pronomen? Schreibe sie auf.

ich und meine Tante	die Klavierlehrerin	die Schulhefte
du und dein Freund	der Hausmeister	das Meerschweinchen

er ____________

sie ____________

es ____________

wir ____________

ihr ____________

sie ____________

2 Lies die Sätze. Unterstreiche die Nomen am Satzanfang.
Ersetze die Nomen durch Pronomen und schreibe die Sätze auf.

Der Bär brummt ärgerlich. Er brummt ärgerlich.

Das Ferkel quiekt ängstlich. ____________.

Die Katze schleckt die Milch. ____________.

Der Igel rollt sich zusammen. ____________.

Die Pferde wiehern laut. ____________.

Die Schlange kriecht vorbei. ____________.

Die Gazellen rennen davon. ____________.

Pronomen kennenlernen

1 Schreibe die passenden Pronomen in den Text.

Lieber Simon,

Ela hat heute einen Vortrag über Eisbären gehalten. Er war sehr interessant und das Publikum hörte bis zum Schluss aufmerksam zu.

Am Ende applaudierte ______ lange. Dann durften die Leute Fragen stellen.

______ stellten viele komplizierte Fragen, aber Ela konnte sie alle beantworten. ______ hatte sich sehr gut vorbereitet. Auch ______ habe ihr eine Frage gestellt. Dabei hatte ______ ihr bei den Vorbereitungen für ihr Referat geholfen und wusste schon einiges über Eisbären. Zum Beispiel, dass ______ im Winter und Frühling auf dem Packeis der Arktis leben, wo sie am liebsten Ringelrobben jagen und sich Fettreserven anfressen.

Doch ihr Lebensraum ist durch den Klimawandel gefährdet, denn ______ führt dazu, dass das Packeis schmilzt und ______ immer mehr Zeit auf dem Festland verbringen müssen, wo sie kaum Nahrung finden und verhungern. Das finde ______ sehr traurig.

Viele Grüße

Emil

Verben mit Vorsilben

1 Was machen die Kinder? Markiere die Vorsilbe und schreibe das Verb auf.

aus / ab	schneiden	abschneiden

vor / ver	lesen	

an / be	schreiben	

an / aus	packen	

ab / aus	malen	

2 Setze die Verben aus **1** passend ein.

Sami darf heute sein Geburtstagsgeschenk ______.

Käte freut sich, wenn sie ihrer Schwester ______ darf.

Naomi soll einen Satz ______.

Milo muss das Fahrrad ______, bevor er fernsehen darf.

Emil soll für den Salat Gurkenscheiben ______.

Verben mit Vorsilben

1 Ergänze die Verben mit Vorsilben so, dass sie zu der jeweiligen Bedeutung passen.

mit etwas beginnen	an fangen
sich über etwas Gedanken machen	___ legen
einer anderen Person etwas verdeutlichen	___ klären
herausfinden, ob etwas funktioniert	___ probieren
aufhören, miteinander zu streiten	___ tragen
ein Gedicht auswendig vortragen	___ sagen
sich seiner Kleidung entledigen	___ ziehen
eine Person willkommen heißen	___ grüßen

2 Schreibe mit den Verben aus **1** sinnvolle Sätze.

z. B. Ich habe angefangen, ein neues Buch zu lesen.

Verben verlängern

1 Schreibe die Grundform des Verbs. Ergänze den fehlenden Buchstaben am Wortstammende.

sie schrei b t	schreiben	er wie _ t	
ihr sa _ t		sie ü _ t	
er hu _ t		er lü _ t	
er erlau _ t		ihr lo _ t	
sie par _ t		sie flie _ t	

2 Setze die Verben passend ein. Markiere **b/p** und **g/k** am Wortstammende.

fra★en lie★en pfle★en schie★en ge★en pum★en pie★sen strei★en

Die Lehrerin fragt die Klasse nach den Hausaufgaben.

Milo _______ die Reifen seines Fahrrads auf.

Naomi _______ den Rollstuhl ihrer Freundin die Rampe hinauf.

Die Ärztin _______ Emil beim Impfen in den Oberarm.

Papa _______ seinen kranken Bruder seit vielen Jahren.

Sie _______ ihre kleine Schwester heiß und innig.

Ela _______ Mila ihre Hausaufgaben zum Vergleichen.

Eine Frau _______ mit vielen anderen für höheren Lohn.

 Sprachbuch Seite 56

Verben verlängern

1 Verlängere die Verben im Kopf. Ergänze **b/p** oder **g/k** am Wortstammende.

„Wer von euch sa g t freiwillig ein Gedicht auf?“, fra ☐ t der Lehrer zu Beginn der Deutschstunde seine Klasse. Die ganze Klasse schwei ☐ t. Schließlich zei ☐ t ein Junge in der letzten Reihe auf. „Trä ☐ st du uns dein Gedicht vor?“, möchte der Lehrer wissen. „Ja!“ Der Junge schie ☐ t sich aus der Bank und blei ☐ t daneben stehen. Mit einem tiefen Atemzug pum ☐ t er seinen Brustkorb auf, le ☐ t die linke Hand theatralisch auf die Brust und beginnt mit lauter Stimme zu sprechen: „Der Vater pu ☐ st, die Kinder lachen, es gi ☐ t schon ziemlich komische Sachen.“ Dann setzt er sich wieder in seine Bank. Die Klasse to ☐ t vor Vergnügen. Als der Lehrer endlich wieder zu Wort kommt, lo ☐ t er den Jungen: „Schön, dass du es gewa ☐ t hast, deine Verse vorzutragen.“ Dann den ☐ t er kurz nach: „Bis morgen dichtet bitte alle ein paar lustige Verse und tra ☐ t sie dann vor. Für das witzigste Gedicht gi ☐ t es einen Preis.“ Das lassen sich die Kinder nicht zweimal sagen.

Merkwörter mit V/v

1 Lies den Text. Markiere alle Wörter mit **V/v**.

Auf dem Rückweg vom Kindergarten kommen Leni und ihr großer Bruder Vinzent beim Eiswagen vorbei. „Ich möchte ein Vanilleeis!“, schreit Leni und zieht ihren Bruder zum Eiswagen. In dessen Vitrine reihen sich viele Behälter voller verschiedener Eissorten. Das Kind zeigt auf das schneeweiße Eis in der Mitte: „Das da will ich!“ „Das ist Vollmilcheis“, sagt der Eisverkäufer. „Mit vielen Vitaminen?“, fragt Lenis Bruder. „Ja“, antwortet der Verkäufer. „Aber auch die Sorten Vergissmeinnicht und Veilchen in der Reihe davor sind sehr lecker“, fügt er hinzu und zeigt auf das hellblaue und das violette Eis ganz vorne in der Auslage. „Entscheide dich, ich muss noch zum Volleyballtraining!“ Lenis Bruder wird langsam nervös. Doch Leni bleibt bei ihrem ursprünglichen Wunsch: „Eine Kugel Vanilleeis mit Sahne, bitte.“

2 Klingt das **V/v** wie in **Vogel** oder wie in **Vase**? Schreibe die Wörter aus 1 passend auf.

vorbei,

Vinzent,

Merkwörter mit V/v Ⓜ

1 Entziffere den Wortsalat. Schreibe die Wörter auf.

anghorV	tovikoLemo	vedAnt
Vorhang		
gelfiVägok	stendzigauriev	adrenVa
kabestleVot	kilvenOrne	lielchteiv

2 Schreibe vier Sätze. Verwende in jedem Satz mindestens zwei Wörter aus **1**. Unterstreiche sie.

Gegenwart und Vergangenheit

1 Jeweils drei Kärtchen passen zusammen. Schreibe die Verbformen passend.

ich spiele	erzählen	sie kaufte	wir passten
sie lachen	~~spielen~~	ihr hörtet	
du erzähltest	lachen	ich spielte	sie kauft
wir passen	du erzählst	hören	
sie lachten	passen	kaufen	ihr hört

Grundform	Gegenwart	Vergangenheit
spielen		

2 Setze die Verbformen passend ein.

gibt | waschen | ~~lesen~~ | wuschen | lasen | gab

Heute lesen viele Leute die neuesten Nachrichten auf dem Tablet.

Früher ______ die meisten Leute die Zeitung.

Heute ______ wir die Wäsche in der Waschmaschine.

Früher ______ wir die Wäsche im Waschtrog.

Heute ______ es für fast alle Arbeiten Maschinen.

Früher ______ es kaum Maschinen, die die Arbeit erleichterten.

Sprachbuch Seite 64/65

Gegenwart und Vergangenheit

1 Bilde die fehlenden Verbformen in der Gegenwart oder in der 1. Vergangenheit und schreibe sie auf.

er spielt	er spielte	sie dachte	
es regnet		wir lesen	
ich stand		sie ruft	
wir biegen		ich füttere	
sie klebte		wir laufen	
es donnert		er sprang	

2 Erinnere dich an deinen letzten Geburtstag. Was hast du erlebt? Schreibe Sätze in der 1. Vergangenheit.

Wörter mit ck

1 Bilde Wörter mit **ck** und **k**. Schreibe sie auf. Markiere die kurzen und langen Selbstlaute mit · oder –.

L						
Kr						
Or	**ak**	en	e	el	eln	
kr						
H						

Laken,

schl					
Z					
sp	**uck**	en	er	eln	
Dr					
n					

schlucken,

Z					
W					
schm	**eck**	e	er	en	ig
l					
dr					

Sch						
p						
Rab	**auk**	el	en	e	ler	eln
G						
sch						

Wörter mit ck

1 Verbinde. Schreibe die Wörter mit **ck** und **k** in die Tabelle.
Markiere die kurzen und langen Selbstlaute mit · oder **–**.

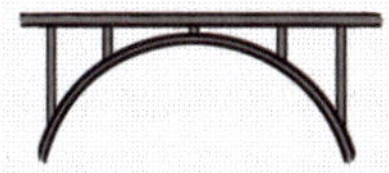

Lo Schau e De We Brü Ha qua wi Lu

ckel ke cke keln ken cken keln ken kel cker

ck 	**k** 
Locken	

2 Bilde jeweils zwei zusammengesetzte Nomen und schreibe sie auf.
Denke an die Großschreibung am Wortanfang. Markiere **ck**.

stricken Zeug Nadel — Strickzeug,

Lack Stift Schuhe

Zucker Dose Rübe

backen Stube Ofen

drucken Knopf Luft

Glück Pilz Los

Wörter mit tz

1 Finde alle Wörter mit dem gleichen Wortstamm und schreibe sie passend auf. Markiere die kurzen und langen Selbstlaute davor mit · oder –.

Wortfamilien mit **tz**

kratzig,

Wortfamilien mit **z**

Heizung,

Wörter mit tz

Wenn du eine Aufgabe schon gelöst hast, würfle nochmals.

1 Würfle, wähle eine Aufgabe und löse sie.
Würfle mindestens drei Mal.

Rehkitz hetzt geizig Blitz schützte
putzig heizen witzeln Spinnennetz Weizen trotzig
Dezember kitzeln jetzt Kreuzung Polizei blitzblank Ozean
stütze Witz schmutzig Raubkatze Spritzgebäck
blitztet spazieren witzig putze

- Schreibe alle zusammengesetzten Nomen mit **tz** heraus.
- Finde drei Reimwortpaare mit **tz** und schreibe sie auf.
- Finde fünf Verbformen mit **tz** und schreibe sie in der Grundform auf.
- Schreibe die acht Wörter mit **z** nach dem Alphabet geordnet auf.
- Finde fünf Adjektive mit **tz** und schreibe sie auf.
- Schreibe die drei Wörter auf, die zu einer Wortfamilie gehören.

Wörter ordnen und nachschlagen

1. Welches Wort steht in der Wörterliste zuerst? Markiere es, ohne nachzuschlagen.

rund • ruhig
fragen • Freundin
Blitz • Blume
Moos • Montag
springen • Sprache • Spinne

Kuss • klug
Mann • Mais
trocken • trotzdem
Eimer • Eltern
groß • gut • grau

2. Prüfe mit Hilfe der Wörterliste nach, ob Deine Lösung in 1 stimmt.

3. Suche die Wörter in der Wörterliste und schreibe die Seitenzahl auf.

steigen ___ Haus ___ Weg ___ Besen ___ Ziege ___

erklären ___ wohnen ___ süß ___ hoch ___ aus ___

4. Suche in der Wörterliste zu jeder Verbform die passende Grundform und schreibe sie auf.

es hielt ___ es begann ___
sie bat ___ er rannte ___
er floss ___ sie biss ___
er flog ___ es traf ___
sie riss ___ er erschrak ___

Wörter ordnen und nachschlagen

1 Ordne die Wörter nach dem Alphabet.

Brücke • Bretter • Brille • Brandgefahr

friedlich • fruchtig • freuen • froh

Spitze • spazieren • Spur • sperren

Geburt • Geruch • gewinnen • geheim

verschmutzt • verbrennen • vergessen

2 Richtig oder falsch? Kreuze an.

	richtig	falsch
Der Buchstabe **H** kommt im Alphabet vor **F**.		
Das Wort **kaputt** kommt alphabetisch nach **kalt**.		
So trenne ich das Wort **drec-kig**.		
Die Mehrzahl von **Lexikon** ist **Lexika**.		
Der Haupteintrag zu **er maß** lautet **messen**.		
Dem Wort **Quelle** folgt im Wörterbuch direkt **quer**.		
Das Wort **schlüpfen** kommt alphabetisch vor **schlimm**.		

3 Prüfe mit Hilfe des Wörterbuchs nach, ob Deine Lösung in **2** stimmt. Korrigiere sie gegebenenfalls.

Wörter mit stummem h

1 Finde in der Wörterschlange alle Wörter mit **stummem h**. Schreibe sie auf und markiere das **stumme h**.

Zahn, ____________________

____

____

2 Setze fünf Wörter aus **1** passend ein. Markiere das **stumme h**.

Emil hat beim Abendessen einen Zahn ________ verloren. Glücklicherweise hat er keine Schmerzen. „Morgen ________ wir trotzdem zum Zahnarzt, damit er prüft, ob alles in Ordnung ist", kündigt seine Mutter an. Um ihn abzulenken, bittet sie ihren ________, ihr beim Abspülen zu helfen. Am nächsten Morgen sitzt Emil auf dem ________ im Behandlungszimmer. Der Arzt schaut ihm in den Mund. „Alles in Ordnung, ich brauche gar nicht zu ________", stellt er fest. Emil freut sich.

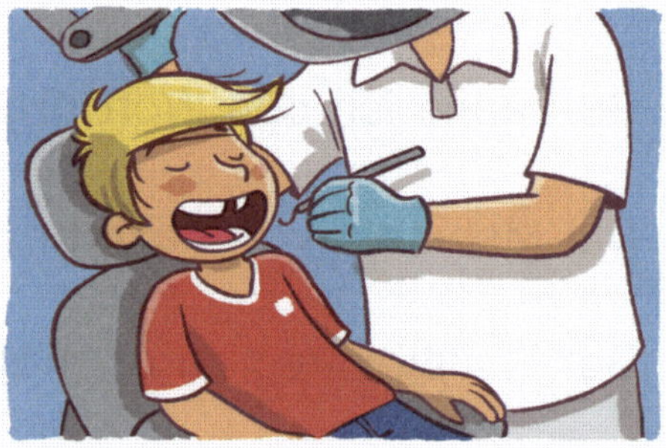

3 Markiere in **2** alle weiteren Wörter mit **stummem h** und schreibe sie auf.

Zahnarzt, ____________________

Wörter mit stummem h Ⓜ

1 Schreibe zu den Wortstämmen passende Nomen, Verben oder Adjektive.
Markiere das **stumme h**.

	Nomen	Verb	Adjektiv
fühl	das Gefühl		gefühlvoll
wahr		aufbewahren	
zahl			unzählige
fehl		verfehlen	
lehr	die Lehrerin		
lohn		lohnen	

2 Bilde fünf Wörter mit dem Wortstamm **fahr** und schreibe damit fünf Sätze.

Zusammengesetzte Nomen

1 Zerlege die zusammengesetzten Nomen.
Ergänze jeweils auch den Artikel
des zusammengesetzten Nomens.

Manchmal fällt ein Buchstabe weg oder Buchstaben kommen dazu.

 das Bilderbuch = die Bilder + ______

 ______ Sonnenbrille = ______

 ______ Eistüte = ______

 ______ Hundekorb = ______

 ______ Ohrring = ______

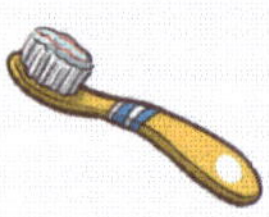 ______ Zahnbürste = ______

 ______ Regenwolke = ______

2 Kreuze die Bilder der Nomen an, mit denen du zusammengesetzte Nomen mit **Bahn** bilden kannst. Schreibe sie mit ihrem Artikel auf.

 [x]
 [ ]
 [ ]
 [ ]
 [ ]
 [ ]
 [ ]
 [ ]
 [ ]

die Autobahn, ______

______

______

Zusammengesetzte Nomen

1 Bilde zusammengesetzte Nomen und setze sie passend ein.
Achtung: Manche Wörter musst du verändern.

Haus		Schloss
Weihnachten	Märchen	Prinzessin
Winter		Figur

In den Kinder- und Hausmärchen der Brüder Grimm findest du eine Geschichte, in der eine ______________, die in einem ______________ lebt, einen Frosch küsst.

Kennst du das Märchen, dann schreibe seinen Titel unter den Text.

In einem der ______________ der Brüder Grimm geht es um zwei junge Mädchen, die beide nacheinander in einen Brunnen fallen und sich in einem Land wiederfinden, wo eine ______________ Schnee aus Kissen schüttelt. Schreibe auch den Titel dieses Märchens auf.

Und in einem ______________ der Brüder Grimm fallen Sterne vom Himmel und verwandeln sich in blanke Taler. Schreibe auch dessen Titel auf.

So heißen die Märchen, von denen im Text die Rede ist:

____

____

Zusammengesetzte Nomen: Verb + Nomen

1 Unterstreiche alle zusammengesetzten Nomen im Text, die mit dem Verb **baden** gebildet wurden.

Mila und Emil besuchen heute mit Milas Tante Lea das städtische Badeland. Tante Lea hat Mila einen neuen Badeanzug mit einem grünen Dino geschenkt, den Mila heute das erste Mal trägt. Emils blau-rot gestreiften Badeshorts sind noch vom letzten Jahr. Dafür hat er aber die funkelnagelneuen Badelatschen dabei, die ihm sein Opa von seiner Badekur mitgebracht hat. Als die drei aus der Dusche kommen, sehen sie, wie sich ein anderer Badegast eine Badekappe aufsetzt. Die Kinder wundern sich. Tante Lea vermutet: „Sicher möchte er keinen Sonnenbrand auf der Glatze bekommen.“ Das können die beiden gut verstehen.

2 Zerlege die zusammengesetzten Nomen aus **1**.

Badeland = baden + Land

3 Finde im Text in **1** das aus zwei Nomen zusammengesetzte Nomen und zerlege es ebenfalls.

Zusammengesetzte Nomen: Verb + Nomen

1 Schreibe auf, wer welche Art von Geschichten bevorzugt.
Achtung: Du musst Nomen + Nomen oder Verb + Nomen zusammensetzen.

Sami liebt es Geschichten zu lesen, in denen eine Person aufregende Abenteuer erlebt.

Sami mag ______

In den Geschichten, die Mila am liebsten liest, müssen viele Tiere vorkommen.

______

Ela liest am liebsten Geschichten, bei denen sie sich gruseln kann.

______

Emil liest nur Geschichten, in denen es um Gespenster geht.

______

Bei der Lektüre der Geschichten, die Milo abends liest, lässt sich gut einschlafen.

______

In den Geschichten, die Naomi liest, spukt es meist gewaltig.

______

Wenn Olli lesen könnte, dann vor allem Geschichten, in denen Detektive schwierige Fälle lösen müssen.

______

Mit Adjektiven vergleichen

1 Verbinde.

weich	dicker	am lautesten
schmal	winziger	am dünnsten
dick	schmaler	am weichsten
laut	weicher	am winzigsten
winzig	dünner	am schmalsten
dünn	lauter	am dicksten

2 Schreibe die Adjektive aus **1** passend auf.

Das Brot ist weich, das Milchbrötchen ist ________,
der Pudding ist ________.

Der Dackel ist ________, das Hängebauchschwein ist
________, der Elefant ist ________.

Das Radio ist ________, die Kettensäge ist ________,
der Hubschrauber ist ________.

Onkel Harry ist ________, Tante Kathrin ist ________,
ihr Neffe ist ________.

Die Brücke ist ________, der Steg ist ________, das Brett
über dem Bach ist ________.

3 Schreibe mit dem übrig gebliebenen Adjektiv selbst einen Vergleich wie in **2**.

____

____

Mit Adjektiven vergleichen

1 Bilde die Vergleichsstufen und setze die Adjektive passend ein.
Vergleiche mit dem übrig gebliebenen Adjektiv die Früchte miteinander.

groß | hoch | hart | gut | schnell

Der Hund ist so groß wie der Wolf,

beide sind ________ als der Fuchs.

Doch ________ ist der Esel.

Emils Fahrrad ist so ________ wie Milas Rad.

Beide sind ________ als das Dreirad.

________ ist das Rennrad.

Mila ist so gut in Mathe wie Milo,

beide sind ________ als Sami.

Doch ________ ist Naomi.

Die Garage ist so ________ wie das Gartenhaus.

Das Haus ist ________ als die beiden. Aber

________ ist der Kirchturm.

____

____

____

2 Unterstreiche in **1** jeweils **wie** und **als**. Was fällt Dir auf?

____

____

Wörter gezielt nachschlagen

1 In der Wörterliste stehen nicht alle Verben mit vorangestellten Wortbausteinen. Suche sie ohne ihre Wortbausteine und notiere die Seitenzahl.

aufgeben → geben → S. 118

ansprechen → ______ → ______

weglaufen → ______ → ______

überfahren → ______ → ______

aufwachsen → ______ → ______

ausschneiden → ______ → ______

vorlaufen → ______ → ______

2 Welche dieser Adjektive findest du unter l in der Wörterliste? Markiere sie. Schreibe sie mit allen Vergleichsstufen auf.

lecker   lächerlich   lahm   laut   locker

lieb   löchrig   leicht   lockig   langsam

lecker –

______

______

______

______

Wörter gezielt nachschlagen

1 Beim Steigern mancher Adjektive ändert sich der Wortstamm.
Suche diese Formen bei der Grundstufe.

am größten	→	groß	→	S. 119
kürzer	→	____	→	____
am härtesten	→	____	→	____
länger	→	____	→	____
am kältesten	→	____	→	____
am jüngsten	→	____	→	____

2 Setze die Verben in der 1. Vergangenheit passend ein.
Überprüfe mit der Wörterliste oder einem Wörterbuch.

gießen	trinken	~~schneiden~~	treffen
helfen	gehen	kommen	essen

Wenn ich früher die Ferien bei Oma verbrachte, schnitt sie mir zum Frühstück immer zwei Scheiben von dem knusprigen Bauernbrot ab und ____ mir ein Glas frische Milch ins Glas. Nach dem Frühstück ____ sie mit mir auf den Markt, um fürs Mittagessen einzukaufen. Dort ____ wir meist ihre Freundin Hanne. Während die beiden im Café am Markt Kuchen ____ und Kaffee ____, ____ ich dem Drehorgelspieler Herrn Franz beim Einsammeln der Münzen. Oft ____ wir dann viel zu spät nach Hause, um noch Mittagessen zu kochen.

Strategien anwenden ⓦ Ⓐⓐ ⓩ ↪ Ⓜ

1 Schau dir die markierten Stellen in den Wörtern genau an. Entscheide dann, welche Strategie dir hilft, die Wörter richtig zu schreiben und schreibe sie zu den passenden Zeichen.

die Wand der Käse leben sie gab das Haus

kräftig der Schnee lustig der Mantel

lästig oval klug die Räume der Kopf der Pinsel

ⓦ ______

Ⓐⓐ ______

ⓩ ______

↪ die Wand, ______

Ⓜ ______

2 Die Wörter sind falsch geschrieben. Schreibe das passende Strategiezeichen daneben und wende die Strategie an. Markiere deine Korrektur.

haus: Ⓐⓐ Haus	kelter: ______
Klawier: ______	Lant: ______
schlafn: ______	mutter: ______
sandik: ______	Maschiene: ______
Reder: ______	Ampl: ______

Strategien anwenden ⓦ Ⓐⓐ ⓵ ⓩ Ⓜ

1 Im Text sind zwölf Fehler markiert. Welche Strategie hilft dir, die Wörter richtig zu schreiben?
Male jeweils das passende Zeichen darüber.
Schreibe den Text anschließend korrekt auf. Markiere, was du korrigiert hast.

Naomi tregt eine tauchrbrille. Sie will häute

fersuchen, den Klassenrekort im Streckentauchen

zu brechen. Mila ist letztes mal siebn Meter getaucht.

Das war ziemlich fiel. Naomi nimmt all iren Mud

zusamen, holt tief Luft und springt …

Naomi trägt

Das Prädikat

1 **Was tun** die Märchenfiguren? Markiere in jedem Satz das Prädikat rot.

Die Prinzessin spielt.

Die Großmutter erzählt.

Die Hexe fliegt.

Die Seejungfrau träumt.

Der König sitzt.

Drache faucht.

Die Bremer Stadtmusikanten singen.

Das Rumpelstilzchen tanzt.

2 **Was tun** die Menschen? Ergänze jeweils das Prädikat.

~~verteilt~~	rührt	prüft	verlegt	startet	verhaftet	pflanzt	stützt

Die Briefträgerin verteilt die Post.

Der Krankenpfleger ________ die Patientin.

Die Pilotin ________ die Maschinen.

Die Köchin ________ in dem großen Topf.

Der Gärtner ________ einen Strauch.

Die Kommissarin ________ die Verbrecherin.

Der Fliesenleger ________ die neuen Fliesen.

Die Elektrikerin ________ den Stromkreis.

Das Prädikat

1 a Markiere in jedem Satz das Prädikat rot.
b Stelle jeden Satz zu einer Frage um. Markiere wiederum das Prädikat.

Der Hund bellt seit heute Morgen.

Bellt der Hund seit heute Morgen?

Das Schwein liegt im Schlamm.

Die alte Stute wiehert laut.

Die Motte flattert um die Laterne.

Die Libelle schlüpft aus der Larve.

Der Stier rollt mit seinen Augen.

Das Eichhörnchen klettert flink.

Der Hahn kräht auf dem Mist.

Der bunte Papagei singt ein Lied.

Sprachbuch Seite 88

Das Subjekt

1 Frage jeweils mit **„Wer oder was . . .?“** nach dem Subjekt. Beantworte die Frage mit dem Subjekt. Markiere dann das Subjekt blau.

Das Kind liest ein Buch.

Wer oder was liest ein Buch? – Das Kind.

Das Buch ist spannend.

Im Buch kommt ein Drache vor.

Der Drache speit Feuer.

Vor dem Feuer läuft der Prinz davon.

In der Hitze verglüht sein zurückgelassenes Schwert.

Das Subjekt

1 **Wer oder was** tut es wirklich? Schreibe die Sätze richtig auf.
Markiere das Subjekt blau.

Der Schimmel miaut kläglich.

Der Bär quietscht ängstlich.

Die Katze bellt kläffend.

Der Hund zwitschert in der Früh.

Die Lerche brummt missmutig.

Das Ferkel wiehert vor Vergnügen.

Der Schimmel wiehert vor Vergnügen.

2 Schreibe genau auf, wer was tut. Markiere das Subjekt blau und das Prädikat rot.

Ela

Ela fährt Fahrrad.

Emil

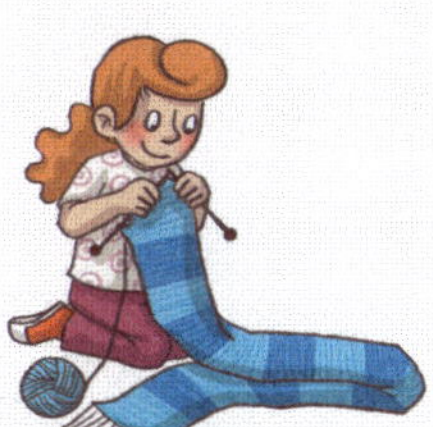

Naomi

Mila

Zusammengesetzte Adjektive

1 Jeweils drei Adjektive der ersten Spalte passen. Bilde zusammengesetzte Adjektive und schreibe sie auf.

bitter	kalt	tief	rot	schwül	warm
rund		hell		süß	
nass		schnell		feucht	
eisig		dunkel		lau	

bitterkalt,

2 Finde die Gegensatzpaare und schreibe sie auf.

~~bildschön~~ stinkfaul klitzeklein beinhart blutjung schnurgerade sägerau

riesengroß steinalt windschief spiegelglatt puddingweich ~~potthässlich~~ bienenfleißig

bildschön – potthässlich

Zusammengesetzte Adjektive

1 Markiere in jeder Reihe die drei zusammengesetzten Adjektive.

aufessen riesengroß handwarm vergessen strohtrocken schnüffeln

haushoch tapfer honigsüß beobachten unternehmen spiegelblank

funktionieren lieblich stocksteif kugelrund verschieden glasklar

schneeweiß siebenhundert überarbeiten blitzsauber stockdunkel

2 Schreibe die in den Adjektiven versteckten Nomen mit ihrem Artikel auf.

Zeile 1: der Riese, ______

Zeile 2: ______

Zeile 3: ______

Zeile 4: ______

3 Bilde zusammengesetzte Adjektive und setze sie passend ein.

Mila fühlt sich wohl wie ein Pudel. Sie fühlt sich pudelwohl.

Mit ihrem Rad ist Mila schnell wie ein Pfeil. Sie ist ______.

Ihre weiße Bluse ist rein wie eine Blüte. Sie ist ______.

Der Stoff ist leicht wie eine Feder. Er ist ______.

Milas Haare sind braun wie Rost. Sie sind ______.

Die Haare sind so lang wie ein Arm. Sie sind ______.

Außerdem sind sie dünn wie ein Hauch. Sie sind ______.

Wörter am Ende der Zeile trennen

1 Markiere alle Wörter mit zwei Silben. Schreibe die Wörter mit Trennstrichen auf. Beachte die Trennregeln.

In Finns Zimmer riecht es heute Morgen unangenehm. Finns Vater öffnet das Fenster. Doch der Geruch verschwindet nicht. „Was könnte das sein?“, überlegt Finn und schaut in seine Schultasche. Und da sieht er es auch schon: Im Fach neben den Schulheften gammelt ein Pausenbrot vor sich hin. Sein Vater schüttelt ärgerlich den Kopf und seufzt: „Oh, Finn!“ Dann bringt er das Pausenbrot zum Kompost.

2 Schreibe die Wörter entsprechend der Anzahl ihrer Silben mit Trennstrichen auf. Beachte die Trennregeln.

Hexe Unterhaltung Einhorn Burggraben
Papagei Drache Zauberstäbe Feuerleiter Krone
Seepferdchen Zwergenhüte Prinzessin

zwei Silben	drei Silben	vier Silben
He-xe		

Wörter am Ende der Zeile trennen

1 Schreibe die beiden Meldungen ab. Trenne die Wörter am Zeilenende.

Das Fußballspiel gegen die Mannschaft der Kreisklasse muss pandemiebedingt abgesagt werden.

Wir suchen eine Torwartin für die Mädchenmannschaft. Bitte bis übermorgen bei Andrea melden.

2 Ergänze passend.

Wir trennen put-zen, aber packen ______.

Wir trennen knuspern ______, aber knusprig ______.

Wir trennen Lücke ______, aber Rucksack ______.

Wir trennen Eier ______, aber Esel ______.

Wir trennen lange ______, aber langsam ______.

Wir trennen wünschen ______, aber wünschte ______.

Sprachbuch Seite 91

Komma bei Aufzählungen

1 a Schreibe die Namen deiner Freundinnen und Freunde in das Freundebuch.
b Verwende bei der Beantwortung der Fragen jeweils drei der passenden Nomen, Verben oder Adjektive. Denke an die Kommas.

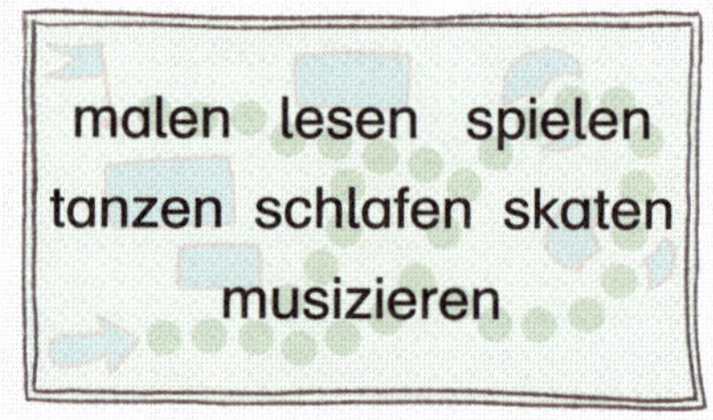

Was isst du gern? Ich esse gern Äpfel, Birnen und Mandeln.

Was trinkst du am liebsten?

Was machst du in deiner Freizeit?

Mit wem spielst du am liebsten?

Welche Städte kennst du?

Was wünschst du dir zum Geburtstag?

Komma bei Aufzählungen

1 Setze im Text die fehlenden Kommas ein.

Gestern Nachmittag waren Sarah Klara und Ricardo bei Emil im Garten. Sie wollten ihm seinen Eltern und seinen Großeltern bei der Ernte helfen. Emils Mutter hatte für alle Helferinnen und Helfer Körbe Eimer Säcke sowie Holzkisten bereitgestellt. Ricardos große Schwester Klara stieg wie die Erwachsenen die Leiter hinauf auf die Bäume und pflückte die Äpfel Pflaumen und Birnen. Diese legte sie in einen Eimer. Die Früchte aus den vollen Eimern wurden dann von Sarah Emil und Ricardo in Körbe Kisten oder Säcke verteilt. Am Abend aßen alle gemeinsam belegte Brote mit Sprotten Gurkenscheiben Salami oder Käse.

2 Schreibe die Aufzählungen aus dem Text in 1 ab.

Sarah, Klara und Ricardo

ihm, Eltern

Kleine Merkwörter Ⓜ

1 Ordne die kleinen Merkwörter nach dem Alphabet und schreibe sie auf.

an nie
bald
sehr
jetzt dann
mir

ihr
wir trotz
ähnlich mehr
obwohl

an, ______________________________

____

2 Setze zehn der kleinen Merkwörter aus **1** passend ein.
Achtung: Manchmal gibt es mehrere Möglichkeiten.

Die Familie geht spazieren, ______ es Bindfäden regnet.

Der Junge ist seinem Großvater sehr ______.

„Ich möchte ______ ein Eis!“, quengelt das Kind vor der Eisbude.

Weil ______ Weihnachten ist, hängen ______ bunte Sterne ins Fenster.

„Gib ______ sofort den Ball!“, ruft das Mädchen auf dem Spielfeld.

„Ich möchte bitte noch ______ von der köstlichen Suppe“, hat Oma noch ______ gesagt.

„Wenn ______ mit der Aufgabe fertig seid, ______ könnt ihr nach Hause gehen“, verspricht die Lehrerin.

Kleine Merkwörter Ⓜ

1 Entscheide. Schreibe die kleinen Merkwörter richtig auf.

„Lernt [biss / bis] _____ nächste Woche Mittwoch den Text des Liedes auswendig“,
bittet die Lehrerin [ihre / ire] _____ Klasse. Emil fragt seine Lehrerin, [op / ob] _____
es reicht, [wen / wenn] _____ er nur die erste Strophe lernt. „Du musst schon
[mehr / mer] _____ Strophen auswendig können, [umm / um] _____ eine gute Note
zu bekommen“, antwortet die Lehrerin. Naomi meldet sich sofort, [alss / als] _____
endlich Mittwoch ist, [den / denn] _____ sie hat fleißig geübt [und / unt] _____ kann
alle Strophen fließend aufsagen. [Desshalb / Deshalb] _____ freut sie sich
auch [ser / sehr] sehr, [als / alz] _____ die Lehrerin [iren / ihren] _____ Vortrag
[for / vor] _____ der [ganzen / gansen] _____ Klasse lobt. „Und [wass / was] _____
ist mit [dier / dir] _____ ?“, fragt die Lehrerin Emil. Er geht nach [vorne / forne] _____
und alle schauen [in / ihn] _____ gespannt [ann / an] _____.
[One / Ohne] _____ zu stottern rasselt er alle Strophen [dess / des] _____
Liedes [herrunter / herunter] _____. [Amm / Am] _____ Ende applaudiert
[ihm / im] _____ die [ganse / ganze] _____ Klasse.

Der nachgestellte Redebegleitsatz

1 Schreibe die wörtlichen Reden mit dem passenden Redebegleitsatz auf.

, fragt Mila. | , erklärt Milo. | , antwortet Sami.

, erkundigt sich Ela. | , ruft Samira. | , erwidert Naomi.

"Dürfen wir das Wasser trinken?", fragt Mila.

Der nachgestellte Redebegleitsatz

1 Überlege dir zu dem, was die Personen sagen, einen passenden Begleitsatz.

Schreibe die wörtlichen Reden jeweils mit deinem Begleitsatz auf.
Denke an die Satzzeichen!

z. B. „Fang den Ball!“, ruft Sami.

Fremdwörter

1 Lies die Fremdwörter und die Erklärungen. Verbinde passend.

flaches Stück Teig, das mit Tomaten, Käse, Schinken usw. belegt und im Ofen gebacken wird	Popcorn
heißes Würstchen mit Senf, Ketchup und gerösteten Zwiebeln in aufgeschnittenem Brötchen	Burger
Puffmais	Tortellini
sehr dünner Pfannkuchen	Pizza
nach Art eines Hamburgers belegtes Brötchen	Hotdog
mit Fleisch oder Gemüse gefüllter Ring aus Nudelteig	Crêpe

2 Setze die Wörter aus **1** passend in den Text ein.

An der Imbissbude

Heute dürfen sich alle Kinder bestellen, was sie am liebsten essen. Sami bestellt sich eine Pizza mit Salami. Mila möchte lieber die ____________ mit einer Füllung aus Steinpilzen essen. Ela hat sich für einen ____________ mit einer süßen Marmeladenfüllung entschieden. Milo reicht eine große Tüte ____________, um satt zu werden. Naomi hat für sich einen ____________ mit Käse ausgewählt. Und Emil isst einen ____________, aber ohne geröstete Zwiebeln.

Fremdwörter

1 Diese Wörter stammen aus dem Englischen. Schreibe sie passend.

Computer	joggen	Cockpit	Team
trainieren	Baby	Clown	Toaster

Computer

2 Welche Wörter sind gemeint? Du kannst auch Wörterbücher benutzen.

mozzarella	chanson	büyükanne	compudador
satchel	omelette	croissant	

Ein kugelförmiger Frischkäse heißt auf Italienisch: m o z a r e l l a

Ein süßes Hörnchen heißt auf Französisch:

Ein Schulranzen heißt auf Englisch:

Eine Großmutter heißt auf Türkisch:

Ein Lied heißt auf Französisch:

Ein Computer heißt auf Spanisch:

Eierkuchen heißt auf Französisch:

Viele Mitlaute nacheinander

1 Lies die Sätze. Markiere die aufeinanderfolgenden Mitlaute in der Mitte der zusammengesetzten Nomen.

Emil hat vor seinem Geburtstag einen langen Wunschzettel geschrieben.

Mila würde am liebsten Topfschlagen spielen, falls sie eingeladen wird.

Emils Vater besorgt an einem Marktstand einen Strauß Herbstblumen und füllt einen Obstkorb mit Äpfeln für den Kuchen.

Außerdem kauft er die Zutaten für die deftigen Fleischklopse.

2 Zerlege die zusammengesetzten Nomen aus 1. Markiere jeweils die Mitlaute am Ende des ersten und am Anfang des zweiten Wortes.

die Geburt-s – der Tag

3 Finde in den Sätzen in 1 weitere Wörter, in denen mindestens drei Mitlaute aufeinanderfolgen. Schreibe sie auf und markiere die Mitlaute.

geschrieben,

Viele Mitlaute nacheinander

1 Unterstreiche die Verbformen im Text, die mit drei oder mehr aufeinanderfolgenden Mitlauten enden. Schreibe die Verbformen mit ihrer Grundform auf. Markiere die aufeinanderfolgenden Mitlaute am Ende der Verbformen.

„Du schwimmst sicherlich gerne?", stellt die Trainerin fest, als Naomi das erste Mal zum Training kommt. Naomi nickt. „Hast du dich geduscht?", fragt die Trainerin. „Das ist wichtig, bevor du ins Wasser springst." Auf dem Weg zur Dusche trifft Naomi Mila: „Kommst du mit?" Mila ist aber schon sauber. Unter der Dusche flutscht Naomi die Seife aus der Hand. „So ein Mist!", schimpft sie.

schwimmst – schwimmen,

2 Bilde zusammengesetzte Wörter. Markiere die aufeinanderfolgenden Mitlaute in der Mitte.

~~planschen~~	blind	
Bett	rasten	bunt

Pfosten	~~Becken~~	
Specht	Platz	Schleiche

Planschbecken,

Wörter mit silbentrennendem h

1 Sprich die Wörter Silbe für Silbe und zeichne Silbenbögen.
Nur in fünf Wörtern kannst du das **h** beim Sprechen hörbar machen. Markiere es.

fahren sehen erzählen Mühe Wohnung Bohnen
sprühen Truhe rühren Lehrerin näher

2 Verlängere die Wörter. Zeichne Silbenbögen und markiere das **h**.

das Reh die Rehe

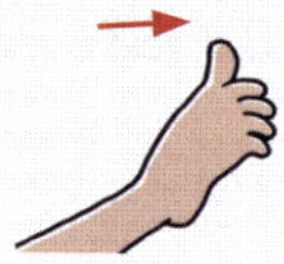
der Zeh

die Kuh

der Floh

der Schuh

3 Ergänze die fehlenden Verbformen.

mähst	fliehe	leihen	mähen	leiht	fliehst	mäht
fliehen	leihen	mähen	mähe	fliehen	flieht	leihst

ich	leihe		
du			
er/sie/es		flieht	
wir			mähen
ihr			
sie			

Wörter mit silbentrennendem h

1 Unterstreiche alle Verbformen, in denen du ein **h** siehst. Schreibe sie mit ihrer Grundform passend auf. Zeichne Silbenbögen. Markiere das silbentrennende **h**.

Jeden Morgen kräht der Hahn der Nachbarin und kündigt uns den neuen Tag an. Dann steht unsere Familie auf. Außer Jan, der sich meist nochmals auf die andere Seite dreht und lieber weiterschnarcht. Erst wenn Mama ihm spaßeshalber mit einem nassen Waschlappen droht, steigt auch er aus seiner Koje.
Meist gähnt er dann erst einmal laut und dehnt und streckt sich, bevor er unter die Dusche steigt.
Nach dem Frühstück fährt uns Papa zur Schule. Der Weg dorthin führt über den Bahnübergang, an dem wir oft warten müssen. Manchmal zieht eine Lok so viele Waggons, dass keiner von uns gleichzeitig den Anfang und das Ende des Zuges sieht.

Verben mit silbentrennendem **h**:

kräht – krähen,

Verben mit stummem **h**:

Merkwörter mit ai Ⓜ

1 Markiere alle Wörter mit **ai**. Schreibe sie mit Artikel auf.

X	V	S	M	E	Y	P	Z
L	E	W	A	I	S	E	C
I	S	J	I	L	F	D	E
K	A	I	S	E	R	A	S
Ö	I	K	Y	D	D	V	F
O	T	D	Z	L	A	I	B
L	E	T	V	A	C	T	N
R	U	M	A	I	H	I	V
F	I	E	D	C	F	I	J
V	C	S	R	H	A	I	R
L	R	G	D	S	O	K	D

2 Bilde mit den Wörtern aus **1** und den Wörtern aus dem Kasten zusammengesetzte Nomen. Schreibe sie auf.

~~der Kolben~~	die Gitarre	die Flosse	das Kind
das Brot	der Baum	der Fisch	der Dom

der Mais + der Kolben =

Merkwörter mit ai Ⓜ

1 Setze die Wörter mit **ei** und **ai** passend ein.

SAITE/SEITE	WEISE/WAISE	LEIB/LAIB	MEIN/MAIN

„Als ______ Schlauchboot mitten im ______ die Luft verlor, musste ich zum Ufer schwimmen“, erzählte uns Großvater, nachdem er von seiner Bootstour zurück war.

Lina erklärte ihrem Lehrer auf unmissverständliche Art und ______, dass ihre Eltern schon lange nicht mehr lebten. Sie sei schon seit vielen Jahren eine ______.

Das Sterntalerkind war so arm, dass es nicht mehr auf dem ______ trug als ein zerrissenes Hemdchen. Den halben ______ Brot, den die alte Frau ihm reichte, verschlang es fast vollständig.

Finn blätterte in den Notenblättern, bis er die richtige ______ gefunden hatte. Dann nahm er die Gitarre zur Hand und schlug die A-______ an.

2 Schreibe Sätze, in denen Wörter mit **ai** und **ei** vorkommen.
Markiere alle **ai** und **ei**.

Am Kai steht ein Matrose.

______

______

Sprachbuch Seite 105

Rätsel 1: Verben-Suchsel

1 Finde die Verben und schreibe sie auf.

K C E E W N — wecken

A L T U A E S H N — ________

H E N C V E U S R — ________

N K N U R E P S — ________

E K R T N C I S — ________

N E L B Ü O E R H — ________

N L A N I E D E — ________

E E N Z G Ä S R — ________

W R E I S C N E H — ________

A L S C H U N E A — ________

Rätsel 2: Versteckte Tiere

1 In den Wörtern haben sich Tiere versteckt. Finde sie und schreibe sie auf.

Kupferdach

erbärmlich

Dieselöl

ORGANSPENDE

SCHLAFSAALBELEUCHTUNG

Kirschwein

Schraubendreher

SIEBENHUNDERT

schnattern

RADLERHOSE

Lehmziegelhaus

Parkuhr

spezifisch

ABENTEUER

Eingewöhnungsphase

Rätsel 3: Kreuzworträtsel mit doppelten Bedeutungen

1 Ein Wort, zwei Bedeutungen. Schreibe sie passend. Die Buchstaben in den farbigen Kästchen ergeben in der richtigen Reihenfolge das Lösungswort.

waagerecht:

1 sie leuchtet/Obst
3 sie hat dich geboren/sie ergänzt eine Schraube
4 Gegenteil von reich/Körperteil
7 er bewegt sich schnell voran/Teppich
9 du schläfst darunter/es ist nicht der Boden des Zimmers
10 prächtiges Gebäude/Schließvorrichtung
11 du schlägst ihn in die Wand/du hast ihn an jedem Finger und Zeh

senkrecht:

2 Hunderasse/Sportler
5 Tasteninstrument/Tiere fliegen damit
6 berühmter Mensch/Vogelart
8 Gebäude/bilden sich auf der Kopfhaut
12 kreisrunder Teil eines Fahrzeugs/Kurzwort für ein Fahrzeug

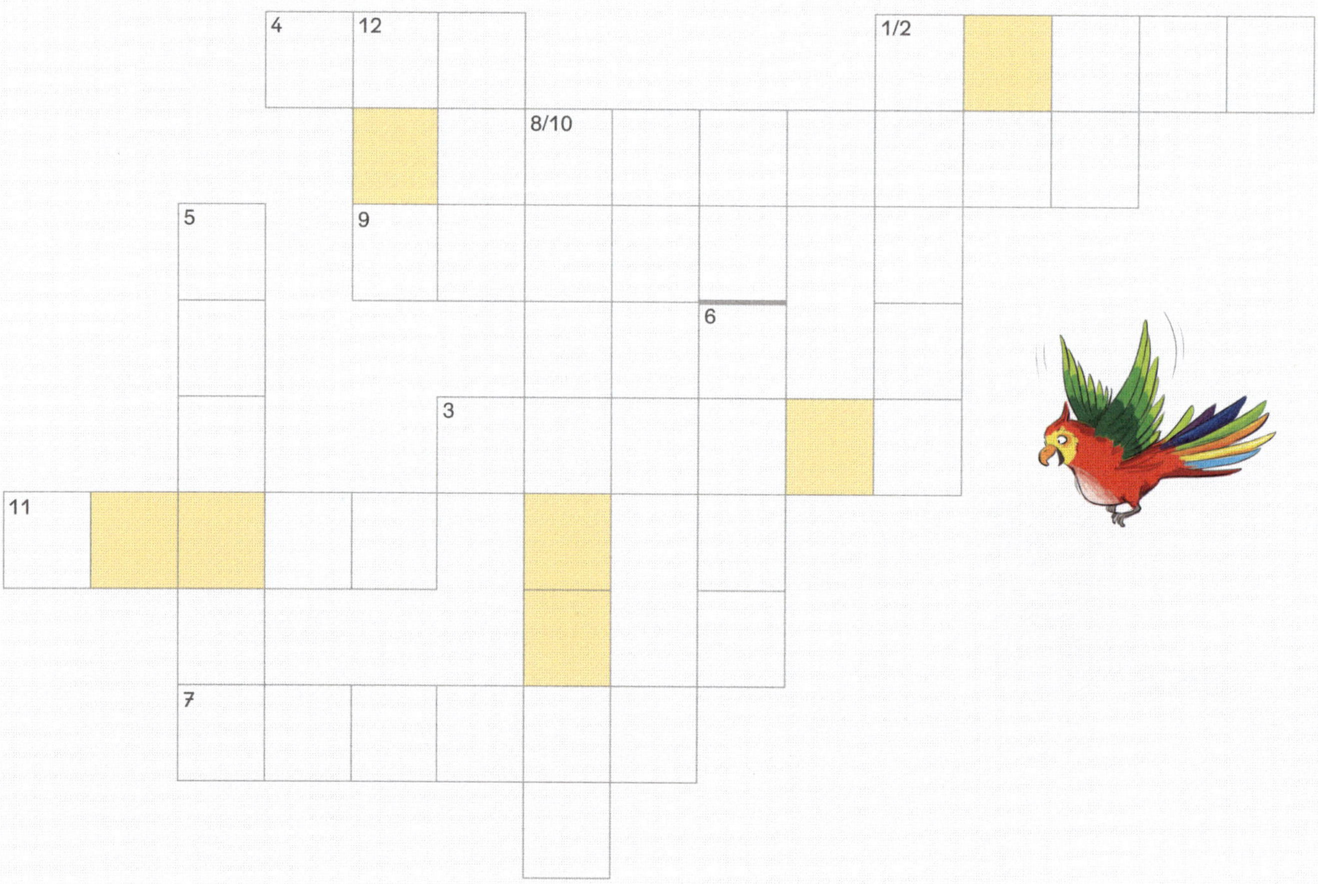

Lösungswort:

Rätsel 4: Geheimschrift

1 Die Kinder haben sich eine Geheimschrift ausgedacht. Löse das Rätsel und schreibe die Wörter anschließend zu den Zahlen.

Geheimschrift: 4 + Veilchen + Advent = 10

5 + Advent = 10

Advent + Veilchen = Volleyball		+		=	
Advent – Veilchen = vorbei		–		=	
vorbei + vorbei = Vergissmeinnicht		+		=	
Vergissmeinnicht – Advent = nervös		–		=	
nervös + Volleyball = Vitamine		+		=	
nervös + vorbei = Vokabelheft		+		=	
Vokabelheft – Advent = Olivenöl		–		=	
Olivenöl + nervös = Advent		+		=	

1 ______ 2 ______

3 ______ 4 ______

5 ______ 6 ______

7 ______ 8 ______

9 ______

Rätsel 5: Rückwärts-Rätsel

1 Markiere alle Wörter, die rückwärts gelesen denselben Sinn ergeben, rot und alle Wörter, die rückwärts gelesen einen anderen Sinn ergeben, grün. Achtung: Manche Wörter ergeben rückwärts gelesen überhaupt keinen Sinn. Streiche sie durch.

NEBEL	KONTONUMMER	LUSTIG
RENTNER	KOMMEN	HAUPTSATZ
KOMISCH	GEWÖHNLICH	REITTIER
LIEB	ROTOR	SITZEN
EUER	SIEBZEHN	KAPUTT
NEUGIERIG	NEFFEN	LAGE
EBBE	KIPPEN	LAGERREGAL
VERGESSEN	UHU	BRUNNEN
KAJAK	LÄSTIG	VIERZEHN
ASTERIX	GRAS	NENNEN
REGAL	WETTEN	KÜNSTLER
NEBEN	SANDMANN	HANNAH

Rätsel 6: Merkwörter-Sudoku

1 Löse das Sudoko mit den kleinen Merkwörtern **sehr, ab, mir** und **jetzt**.

Regeln: Das Sudoko besteht aus einem Raster aus 4 x 4 Feldern. Innerhalb der Zeilen und Spalten befinden sich 4 Quadrate, die aus 2 x 2 Feldern gebildet sind. Fülle jede Zeile, Spalte und jedes Quadrat (je 4 Felder) so mit den kleinen Merkwörtern aus, dass sich die Wörter innerhalb der Zeile, Spalte und des Quadrats nicht wiederholen.

	sehr		ab
ab			
sehr			mir
mir		ab	

			mir
jetzt			sehr
mir		sehr	
	jetzt		

Deutsch mit Olli 3

Sprachbuch
Arbeitsheft
BASIS | PLUS

Erarbeitet von:	Christine M. Kaiser
Redaktion:	Julia Kluge
Illustrationen:	Sandra Reckers, Petra Eimer, Christian Bartz, Axel Nicolai
Umschlagillustration:	Petra Eimer (Papagei) und Christian Bartz
Umschlaggestaltung:	Corinna Babylon und Jule Kienecker, Berlin
Layoutkonzept und technische Umsetzung:	Cornelia Gründer, Corngreen GmbH, Leipzig
BOOKii-Funktion:	Lizenz BOOKii Tessloff Verlag Ragnar Tessloff GmbH & Co. KG, Nürnberg http://www.tessloff.com BOOKii® ist eine eingetragene Marke des Tessloff Verlags, Nürnberg

www.cornelsen.de

1. Auflage, 1. Druck 2022

Alle Drucke dieser Auflage sind inhaltlich unverändert
und können im Unterricht nebeneinander verwendet werden.

Druck: H. Heenemann, Berlin

ISBN 978-3-464-80252-6
ISBN 978-3-464-80757-6 (Lösungsdownload)

PEFC
PEFC/04-31-1156

PEFC zertifiziert
Dieses Produkt stammt aus nachhaltig bewirtschafteten Wäldern und kontrollierten Quellen.
www.pefc.de

Deutsch mit Olli 3

Testheft

Name:

Klasse:

Cornelsen

1 Schreibe die Nomen mit dem bestimmten Artikel auf.

 ______

 ______

 ______

 ______

(4x1 P.)
4 Punkte

2 Setze die Verben passend ein.

lesen | singen | malen | trinken | essen | schreiben

Ich ______ ein Buch. Opa ______ einen Brief.

Lea ______ ein Lied. Tim und Tom ______ Eis.

Alia ______ ein Bild. Flora ______ Milch.

(6x1 P.)
6 Punkte

3 Finde die zehn Adjektive. Kreise sie ein.

lesen	warm	kurz	Heft	spitz
weich	spielen	klein	trocken	essen
fleißig	laufen	bunt	richtig	faul

(10x0,5P.)
5 Punkte

4 Unterstreiche die Nomen blau, Verben rot und Adjektive grün.

Im Winter fahren wir zu meiner Tante. Sie wohnt an einem schönen See. Dort schlafen wir in einer kleinen Hütte. Wir spielen immer mit den netten Nachbarskindern. Manchmal backen wir leckere Pizza. Das Essen duftet immer köstlich.

(18x0,5P.)
9 Punkte

Themen: 1: Nomen/Artikel 2: Verben 3: Adjektive 4: Nomen/Verben/Adjektive

5 Lies die Sprechblasen. Welche Satzzeichen fehlen?

Oh, das ist aber toll

Ich besuche gleich meine Oma

Oh nein

Darf ich dir helfen

Der Weg führt an einem Bach entlang

Wie spät ist es

(6x1 P.)
6 Punkte

6 Bilde sinnvolle Aussagesätze und schreibe sie auf.

Mila | ins Schwimmbad | geht

einen Kuchen | Opa | backt

spielen | im Garten | Die Kinder

(3x3 P.)
9 Punkte

7 Verbinde die Fragen mit den passenden Antworten. Ergänze das Zeichen am Satzende.

Wann feierst du deinen Geburtstag ☐	Die Feier findet in unserem Garten statt ☐
Wie viele Kinder hast du eingeladen ☐	Ich feiere meinen Geburtstag am Samstag ☐
Wo findet die Feier statt ☐	Ich habe neun Kinder eingeladen ☐

(3x2 P.)
6 Punkte

8 Markiere den ersten Anfangsbuchstaben.
Ordne die Wörter nach dem Alphabet.

Fisch

Ring

Korb

Blume

Tasse

Apfel

(6 x 1 P.)
6 Punkte

9 Ordne die Namen nach dem Alphabet.
Markiere den zweiten Buchstaben in den Namen der Kinder.

Emil Elias Erik

Leni Luisa Lara

(6 x 1 P.)
6 Punkte

10 Schreibe nur die Wörter mit zwei Silben auf. Zeichne Silbenbögen.

(4 x 1 P.)
4 Punkte

11 Welche Wörter sind falsch geschrieben? Unterstreiche sie.

die Klasse 3a macht heute einen Ausflug. sie geht ins neue Stadtmuseum. alle treffen sich im Schulhof. dort steht schon der Bus. hanna ist ganz aufgeregt! das wird ein toller Tag!

(6 x 0,5 P.)
3 Punkte

12 Welche Strategie hilft dir bei Aufgabe 11? Kreuze an.

☐ Ich gliedere die Wörter in Silben.

☐ Satzanfänge und Nomen schreibe ich groß.

(1 P.)
1 Punkt

Themen: 8/9: Strategien anwenden: Nach dem 1. und 2. Buchstaben ordnen 10: Strategien anwenden: Wörter in Silben gliedern
11/12 Strategien anwenden: Satzanfänge/Nomen groß schreiben

13 Finde zu jedem Wort mit **ä** oder **äu** ein verwandtes Wort mit **a** oder **au**. Schreibe beide Wörter richtig auf.

 ______  ______

 ______  ______

 ______  ______

 ______  ______

(8x1 P.)
8 Punkte

14 **d** oder **t**? Finde zu jedem Nomen die Verlängerung.

das Lie ☐ ↪ ______ das Bro ☐ ↪ ______

der Hu ☐ ↪ ______ der Mon ☐ ↪ ______

das Wor ☐ ↪ ______ die Han ☐ ↪ ______

(6x1 P.)
6 Punkte

15 **b/p** oder **g/k** am Ende? Fülle die Lücken aus.

das Geschen ☐ der Die ☐ der We ☐ der Köni ☐

das Mikrosko ☐ das Sie ☐ der Schran ☐ der Urlau ☐

(8x0,5 P.)
4 Punkte

16 Richtig oder falsch? Kreuze an.

Wenn ich nicht weiß, ob ich ein Wort mit **ä** oder **e** schreibe, suche ich ein verwandtes Wort mit **a**. richtig ☐ falsch ☐

Wenn ich nicht weiß, ob ich ein Wort mit **d** oder **t** schreibe, gliedere ich das Wort in Silben. richtig ☐ falsch ☐

(1 P.)
1 Punkt

1 Kreise bei den Wörtern den Wortstamm **Trink/trink** blau ein und den Wortstamm **Les/les** rot.

lesen | Getränk | las | getrunken | Lesebuch | Zaubertrank

lesbar | tranken | lasen | Trinkflasche | Leseratte | liest

(12x0,5P.) 6 Punkte

2 Kreise alle Wörter der gleichen Wortfamilie mit der gleichen Farbe ein.

zahllos | häuslich | Gefälle | Hausmeister | überfallen | Gebäude

Zahlenstrahl | Bauplan | Fallobst | zählen | Gehäuse | ausbauen

(12x0,5P.) 6 Punkte

3 Schreibe zu jeder Personalform die passende Grundform.

sie läuft ______ du hilfst ______ er spricht ______

es schmilzt ______ du gibst ______ er hat ______

(6x1P.) 6 Punkte

4 Markiere die kurzen und langen Selbstlaute mit . oder _.

Ratte Hose Hund nachts nagen Rose

Feder Rock bellen Ruder Fenster Hut

(12x0,5P.) 6 Punkte

5 Was gehört zusammen? Verbinde die gelben Kästchen passend mit den Silben in den grünen Kästchen.

Sup | fal | Schüs | käm | mes | Gewit | Don | Zim | Rüs | Sper

sel | pe | len | sen | men | ner | ter | mer | sel | re

(10x0,5P.) 5 Punkte

6 Kreise alle Nomen ein, die in der Mehrzahl stehen.

die Höhle | die Gräser | die Kiefer | die Hamster | der Hofhund

die Ziege | die Mäuse | die Mausefalle | die Eier | die Esel

(10x0,5P.) 5 Punkte

Themen: : 1: Wortstamm 2: Wortfamilie 3: Grundform/Personalformen 4: lange und kurze Selbstlaute 5: Wörter mit doppeltem Mitlaut 6: Nomen erkennen/Mehrzahl

7 Kreise die Nomen für Gefühle ein.

Freude | Hammer | Neid | Wut | Vorsicht | Hase | Angst | Mauer

Stolz | Ekel | Blume | Liebe | Maschine | Ärger | Langeweile

(10 x 0,5 P.) **5 Punkte**

8 Welches Adjektiv gehört zum Nomen? Schreibe.

die Sonne ______ die Angst ______ das Haus ______

das Salz ______ das Glück ______ das Gift ______

(6 x 1 P.) **6 Punkte**

9 Verlängere die Adjektive im Kopf und ergänze die fehlenden Buchstaben.

Der Clown ist lusti☐. Die Banane ist gel☐. Der Ball ist run☐. Das Eis ist kal☐. Der Löwe ist star☐. Unter dem Baum ist es schatti☐.

(6 x 1 P.) **6 Punkte**

10 Kreise die Wörter mit **chs** ein.

Fuchs | Milch | Dachs | Lachs | Becher | Ochse | Woche | Fächer

(4 x 0,5 P.) **2 Punkte**

11 Setze die Wörter mit **chs** aus 10 passend ein.

Der ______ jagt die Gans. Neben der Kuh steht ein ______.

Der ______ schwimmt im Wasser. Der ______ ist nachtaktiv.

(4 x 1 P.) **4 Punkte**

12 **Spr/spr** oder **Str/str**? Immer ein Wort passt nicht. Streiche es durch.

Strähne	streiten	Spruch	sprühen
Streit	stricken	Sprung	sprinten
Strolch	stecken	Spritze	sprechen
Stolz	strecken	Sprache	spülen
Stroh	streicheln	Spule	springen

(4 x 1 P.) **4 Punkte**

1 Unterstreiche die Satzglieder in unterschiedlichen Farben.

Der kleine Hund hat schwarzes und weißes Fell.

Die Lehrerin gibt der Schülerin ein Heft.

Der Chor singt mit viel Freude das neue Lied im Konzertsaal.

(12x0,5P.) **6 Punkte**

2 Setze ein: **Ä/ä** oder **E/e**, **Äu/äu** oder **Eu/eu**?

das ☐glein die ☐le die Tr☐ne die L☐te tr☐men

die B☐nke die B☐le tr☐nnen die Str☐ße die D☐cher

(10x0,5P.) **5 Punkte**

3 Schreibe die Reimwörter auf.

Schiene: B______ Pinsel: I______ Spinne: R______

Riese: W______ fließen: g______ Kind: R______

(6x1P.) **6 Punkte**

4 Setze die Wörter mit **ß** passend ein.

Blumenstrauß Straße begrüßt Spaß draußen heißer

Heute hat Oma Geburtstag. Es ist ein ______ Tag. Ich treffe sie schon auf der ______ vor dem Haus und überreiche ihr einen ______. Wir feiern ______ im Garten. Oma ______ die Gäste und wünscht allen viel ______.

(6x1P.) **6 Punkte**

5 Setze die Anführungszeichen ein.

Sami: ☐Haben wir heute in Deutsch Hausaufgaben auf?☐

Emil: ☐Nein, wir haben nichts aufbekommen. Aber dafür ganz viel in Mathe.☐

Sami: ☐Ja, das ist wirklich viel. Zwei ganze Arbeitsblätter!☐

(6x0,5P.) **3 Punkte**

6 Unterstreiche die Redebegleitsätze.

Lara fragt: „Papa, backst du heute einen Kuchen?“
Papa antwortet: „Vielleicht, ich bin mir aber noch nicht sicher.“
Lara bittet: „Ich habe so Lust auf einen Apfelkuchen. Bitte backe einen.“
Papa reagiert: „Ok, wenn du unbedingt willst. Hilfst du mir dabei?“
Lara ruft: „Juchhu, wir backen einen Kuchen!“

(5x1 P.)
5 Punkte

7 Schreibe die passenden Pronomen zu den Nomen.

mein Onkel und ich: ______ du und dein Opa: ______ der Prinz: ______

die Bücher: ______ das Kätzchen: ______ die Königin: ______

(6x1 P.)
6 Punkte

8 Welches Verb passt? Kreise es ein. Achte auf die Vorsilben.

Mia darf ein Geschenk auspacken/anpacken. Max muss einen Text von der Tafel abschreiben/vorschreiben. Mama möchte das Wohnzimmer umräumen/abräumen. / Kurz vor dem Ziel solltest du jetzt nicht abgeben/aufgeben. Alle Kinder sollen sich auf die Stühle hinsetzen/aufsetzen. Oma möchte ihrem Enkel etwas verlesen/vorlesen.

(6x1 P.)
6 Punkte

9 **b** oder **p**? **g** oder **k**? Ergänze den fehlenden Buchstaben.

er schrei☐t sie trin☐t er hu☐t sie sa☐t er par☐t

sie blei☐t sie flie☐t es pie☐t er sa☐t sie pum☐t

(10x0,5 P.)
5 Punkte

10 Klingt das **V/v** wie in **Vogel** oder wie in **Vase**? Schreibe passend auf.

Veilchen Advent nervös voll Vanille viel Verkauf Vitamin

______

______

(8x0,5 P.)
4 Punkte

1 Setze die Verbformen passend ein.

lasen | spielen | kaufen | fahren | spielten | lesen | fuhr | kauften

Heute ________ viele Kinder am Handy. – Früher ________ Kinder Brettspiele. / Heute ________ viele Leute auf dem Tablet. – Früher ________ die meisten Leute Bücher. / Heute ________ Kinder Inline Skates. – Früher ________ man Rollschuh. / Heute ________ viele Menschen im Internet. – Früher ________ alle nur in Geschäften.

(8x1 P.)
8 Punkte

2 **ck** oder **k**? Fülle die Lücken richtig aus.

schlu☐en die Kra☐e der We☐er dre☐ig das Frühstü☐

der Bä☐er das La☐en entde☐en das Ora☐el ba☐en

(10x0,5 P.)
5 Punkte

3 Schreibe die Reimwörter auf.

Kürze: S________ Tatze: K________ Spitze: R________

Schmerz: H________ reizen: h________ Witz: B________

(6x1 P.)
6 Punkte

4 Welches Wort steht in einer Wörterliste zuerst? Kreise es ein.

Baby – Bahn | Topf – Tropfen | fragen – freuen | Gewässer – Gefahr

Ast – Axt | groß – glatt | Dusche – Drachen | Ziege – Zeiger

(8x0,5 P.)
4 Punkte

5 Finde in der Wörterschlange alle Wörter mit **stummem h** und schreibe sie auf.

____

____

(10x0,5 P.)
5 Punkte

6 Zerlege die zusammengesetzten Nomen und ergänze den Artikel.

____ Handball = ____ + ____

____ Eistüte = ____ + ____

____ Katzenklo = ____ + ____

____ Sonnenstrahl = ____ + ____

(4x1,5P.)
6 Punkte

7 Welche zusammengesetzten Nomen fehlen hier? Setze richtig ein.

Eine Hose, mit der ich bade, ist eine ____. Ein See, in dem ich bade, ist ein ____. Eine Flasche, aus der ich trinke, ist eine ____. Ein Tisch, an dem ich esse, ist ein ____. Eine Brille, mit der ich lese, ist eine ____.

(5x1P.)
5 Punkte

8 Setze die fehlenden Adjektive in der Tabelle ein.

Grundform	**1. Vergleichsstufe**	**2. Vergleichsstufe**
spannend		
	besser	
	höher	

(6x1P.)
6 Punkte

9 Schreibe die Wörter richtig auf. Kreuze an, welche Strategie dir geholfen hat.

Treume ____ ☐ ⓛ ☐ Ⓐa
Kese ____ ☐ ↪ ☐ Ⓜ
kluk ____ ☐ ↪ ☐ Ⓜ

laufn ____ ☐ Ⓐa ☐ ⓦ
hose ____ ☐ Ⓜ ☐ Ⓐa
Hunt ____ ☐ ↪ ☐ ⓛ

(12x0,5P.)
6 Punkte

1 Was tun die Tiere? Markiere in jedem Satz das Prädikat rot.

Der Hund bellt. / Die Katze miaut. / Das Schäfchen schläft. / Die Ziege meckert. / Der Vogel fliegt. / Die Ente schwimmt. / Der Hase hoppelt.

(7x1 P.) 7 Punkte

2 „Wer oder was…?“ Markiere in jedem Satz das Subjekt blau.

Das Mädchen liest eine Zeitschrift. / Die Zeitschrift ist sehr interessant. / Der Junge hört Musik. / Opa liegt auf dem Sofa. / Im Garten sitzt Oma. / Im Arbeitszimmer arbeitet Mama. / Papa kocht das Abendessen.

(7x1 P.) 7 Punkte

3 Welche Wörter passen zusammen? Bilde sechs zusammengesetzte Adjektive.

Kerze Samt Glas Staub Hammer Zitrone

klar hart gerade trocken weich gelb

______ ______ ______

______ ______ ______

(6x1 P.) 6 Punkte

4 Trenne die Wörter. Beachte die Trennregeln.

zaubern: ______ waschen: ______ lecker: ______

Nachrichten: ______ fluchen: ______ Oma: ______

(6x1 P.) 6 Punkte

5 Setze die fehlenden Kommas ein.

Finn mag Äpfel Birnen und Kiwis. Noch lieber mag er Bonbons Kaugummi Gummibärchen und Schokolade. Alex isst lieber Lakritz Chips Flips Salzstangen oder Erdnüsse.

(6x0,5 P.) 3 Punkte

6 Setze die kleinen Merkwörter **ganz**, **ihm**, **ihr** und **als** passend ein.

Oma liebt Süßigkeiten. Ich schenke ______ Pralinen. / Tim mag Fahrräder. Am besten gefallen ______ Rennräder. / Es ist Abend. Es ist schon ______ dunkel. / Eva ist größer ______ ihre Schwester.

(4x1 P.) 4 Punkte

Themen: 1: Prädikat 2: Subjekt 3: Zusammengesetzte Adjektive 4: Worttrennung am Zeilenende 5: Komma bei Aufzählungen 6: Kleine Merkwörter

7 Welcher Redebegleitsatz passt? Verbinde.

„Wann öffnet die Bücherei?“, …	sagt Mama.
„Sie öffnet um 15 Uhr“, …	fragt Mia.
„Leiht euch doch auch Hörspiele aus“, …	ruft Finn.
„Super Idee, Oma!“, …	schlägt Oma vor.

(4x1P.)
4 Punkte

8 Schreibe die passenden Fremdwörter in die Lücken.

Clowns   Popcorn   Manege   Ticket   Show

Ich habe ein ________ für den Zirkus bekommen! Zuerst kaufe ich

mir ________. In der ________ steht schon der Zirkusdirektor.

Zuerst kommen die ________. Das wird bestimmt eine tolle ________!

(5x1P.)
5 Punkte

9 Bilde zusammengesetzte Nomen. Markiere die aufeinanderfolgenden Mitlaute in der Mitte.

Geburt   Schiff   Markt   Wunsch

Zettel   Stand   Fahrt   Tag

________   ________

________   ________

(4x1P.)
4 Punkte

10 Zeichne Silbenbögen. Markiere das **h**, wenn du es beim Silbensprechen hörst.

verleihen   wohnen   Nähe   erfahren   aussehen   Schuhe

(6x1P.)
6 Punkte

11 **ai** oder **ei**? Schreibe passend unter die Bilder.

________   ________   ________   ________   ________

(5x1P.)
5 Punkte

Der Wiederholungstest zur Klasse 2 (Test 1) kann als Entscheidungsgrundlage für die Auswahl der Arbeitshefte Leicht/Basis oder Basis/Plus dienen.

Maximal zu erreichende Punktanzahl: 84 Punkte

- **Bis zu 55 Punkten** empfehlen wir, mit dem Arbeitsheft **LEICHT | BASIS** weiterzuarbeiten.
- **Ab 56 Punkten** empfehlen wir, mit dem Arbeitsheft **BASIS | PLUS** weiterzuarbeiten.

Einstufung der Einzelkompetenzen zur Lernstandserhebung

Test Seite	Nr.	Kompetenzen Das Kind ...	sicher	teilweise	unsicher	SOLL-Pkt.	IST-Pkt.
Test 1 Seite 2	1	... erkennt Nomen / schreibt Nomen groß.				2	
	1	... kennt den bestimmten Artikel.				2	
	2	... erkennt Verben / kann Verben einsetzen.				6	
	3	... kennt Adjektive.				5	
	4	... kennt die Wortarten (Nomen, Verben, Adjektive).				9	
Test 1 Seite 3	5	... erkennt verschiedene Satzarten / kann Satzzeichen einsetzen.				6	
	6	... schreibt Satzanfänge groß / kann Aussagesätze bilden.				9	
	7	... erkennt Aussage- und Fragesätze.				6	
Test 1 Seite 4	8	... kann Wörter nach dem 1. Buchstaben ordnen.				6	
	9	... kann Wörter nach dem 2. Buchstaben ordnen.				6	
	10	... kann Wörter in Silben gliedern.				4	
	11/12	... kann Strategie anwenden: Satzanfänge / Nomen großschreiben.				3/1	
Test 1 Seite 5	13	... kann Strategie anwenden: Wörter mit a/ä und au/äu ableiten.				8	
	14	... kann Strategie anwenden: Wörter mit d/t am Ende richtig schreiben.				6	
	15	... kann Strategie anwenden: Wörter mit d/t, g/k am Ende richtig schreiben.				4	
	16	... kann Strategie anwenden: Wörter verlängern / ableiten.				1	
					Gesamtpunktzahl	84	

Einstufung der Einzelkompetenzen als Grundlage zur individuellen Förderung

Test Seite	Nr.	**Kompetenzen** Das Kind ...	sicher	teilweise	unsicher	SOLL-Pkt.	IST-Pkt.
Test 2 Seite 6	1	... erkennt den Wortstamm.				6	
	2	... kennt Wortfamilien.				6	
	3	... erkennt die Grund- und Personalformen von Verben.				6	
	4	... kennt lange und kurze Selbstlaute.				6	
	5	... kennt Wörter mit doppeltem Mitlaut.				5	
	6	... erkennt Nomen in der Mehrzahl.				5	
Test 2 Seite 7	7	... erkennt Nomen für Gefühle.				5	
	8	... kennt Adjektive mit -ig und -lich.				6	
	9	... kann Adjektive verlängern.				6	
	10	... kann Wörter mit chs richtig schreiben.				2/4	
	11	... kennt Wörter mit Spr/spr und Str/str.				4	
					Punkte Test 2	61	
Test 3 Seite 8	1	... kann Satzglieder erkennen.				6	
	2	... kann Ä/ä und Äu/äu ableiten.				5	
	3	... kennt Wörter mit i und ie.				6	
	4	... kennt Wörter mit ß.				6	
	5	... kann Redezeichen bei wörtlicher Rede einsetzen.				3	
Test 3 Seite 9	6	... erkennt Redebegleitsätze.				5	
	7	... kann Wörter durch die passenden Pronomen ersetzen.				6	
	8	... erkennt Vorsilben.				6	
	9	... kann Wörter mit d/t und g/k am Ende richtig schreiben.				5	
	10	... kennt Merkwörter mit V/v.				4	
					Punkte Test 3	52	
Test 4 Seite 10	1	... kennt Verben in der Gegenwart und 1. Vergangenheit.				8	
	2	... kennt Wörter mit ck und k.				5	
	3	... kennt Wörter mit tz.				6	
	4	... kann nach dem Alphabet ordnen.				4	
	5	... kennt und schreibt Wörter mit stummem h.				5	
Test 4 Seite 11	6	... kennt zusammengesetzte Nomen (Nomen+Nomen).				6	
	7	... kennt zusammengesetzte Nomen (Verb+Nomen).				5	
	8	... kann mit Adjektiven vergleichen.				6	
	9	... kann Rechtschreibstrategien anwenden.				6	
					Punkte Test 4	51	
Test 5 Seite 12	1	... kann Prädikate bestimmen.				7	
	2	... kann Subjekte bestimmen.				7	
	3	... kennt zusammengesetzte Adjektive.				6	
	4	... kann Wörter trennen.				6	
	5	... kann Kommas bei Aufzählungen setzen.				3	
	6	... kennt kleine Merkwörter.				4	
Test 5 Seite 13	7	... kann nachgestellte Begleitsätze bei wörtlicher Rede zuordnen.				4	
	8	... kennt Fremdwörter und deren Bedeutung.				5	
	9	... kennt Wörter mit vielen Mitlauten.				4	
	10	... erkennt Wörter mit h am Silbenanfang.				6	
	11	... kennt Merkwörter mit ai.				5	
					Punkte Test 5	57	
					Gesamtpunktzahl	221	

Deutsch mit Olli 3 Testheft

Redaktion: Julia Kluge

Illustration: Christian Bartz (S. 9, 13 Hai, Saite, Mais), Petra Eimer (Papagei Olli), Axel Nicolai (S. 2–5, 10, 13 Leiter, Eis)

Umschlaggestaltung: Corinna Babylon und Jule Kienecker, Berlin

Umschlagillustration: Petra Eimer

Layout und technische Umsetzung: Cornelia Gründer, Corngreen GmbH, Leipzig

220052262

www.cornelsen.de

1. Auflage, 1. Druck 2022

Alle Drucke dieser Auflage sind inhaltlich unverändert und können im Unterricht nebeneinander verwendet werden.

Druck: H. Heenemann, Berlin

Dieses Heft ist Bestandteil der Arbeitshefte Olli 3 Sprachbuch Leicht/Basis (ISBN 978-3-464-80251-9) sowie Olli 3 Sprachbuch Basis/Plus (ISBN 978-3-464-80252-6) und ist nicht einzeln bestellbar.
Es kann im 10er-Pack nachbestellt werden (ISBN 978-3-464-80754-5).

PEFC
PEFC/04-31-1156

PEFC zertifiziert
Dieses Produkt stammt aus nachhaltig bewirtschafteten Wäldern und kontrollierten Quellen.

www.pefc.de